高校思政教育
与学生管理工作的探索路径

蔡春林　著

汕頭大學出版社

图书在版编目（CIP）数据

高校思政教育与学生管理工作的探索路径 / 蔡春林

著. -- 汕头 ：汕头大学出版社, 2024. 9. -- ISBN 978-

7-5658-5417-0

Ⅰ. G641；G645.5

中国国家版本馆CIP数据核字第20242YT666号

高校思政教育与学生管理工作的探索路径
GAOXIAO SIZHENG JIAOYU YU XUESHENG GUANLI GONGZUO DE TANSUO LUJING

作　　者：蔡春林
责任编辑：郑舜钦
责任技编：黄东生
封面设计：皓　月
出版发行：汕头大学出版社
　　　　　广东省汕头市大学路 243 号汕头大学校园内　邮政编码：515063
电　　话：0754-82904613
印　　刷：廊坊市海涛印刷有限公司
开　　本：710mm×1000mm　1/16
印　　张：12.75
字　　数：200 千字
版　　次：2024 年 9 月第 1 版
印　　次：2025 年 1 月第 1 次印刷
定　　价：68.00 元
ISBN 978-7-5658-5417-0

前言
PREFACE

随着社会的快速发展和信息化进程的加快，大学生的思想观念、价值取向日益多元化，传统的教育管理模式已难以完全适应新形势的需求。高校思政教育的目标是引导学生树立正确的世界观、人生观和价值观，培养具有社会责任感、创新精神和实践能力的全面发展的人才。学生管理工作也面临着新的挑战，如工作转型、工作发展。为了应对这些挑战，高校必须在思政教育和学生管理工作中注重创新与融合，通过加强师资队伍建设、优化教育内容和方法、完善学生管理体系等措施，提升工作的针对性和实效性，以更好地服务于学生的成长和发展。

本书以"高校思政教育与学生管理工作的探索路径"为题，内容涵盖了思想政治教育的基本理论、思政教育方法与管理、教育的拓展与实践、学生管理工作的转型与实践、规范化发展、思政教育与学生管理工作的融合等多个方面。

本书既注重基础理论的阐述，又紧密结合实践，为读者提供一套完整的高校思政教育与学生管理工作的知识体系。同时，本书内容通俗易懂。无论是在教育理念、教育方法还是教育模式上，本书都力求创新，以适应时代发展的需求，旨在帮助读者全面了解高校思政教育与学生管理工作的最新进展。

本书在写作的过程中得到许多专家学者的指导和帮助，在此表示诚挚的谢意。书中所涉及的内容难免有疏漏与不够严谨之处，希望读者和专家能够积极批评指正，以待进一步修改。我们期待本书的出版能够为高校思政教育与学生管理工作提供有力的理论支持和实践指导，为推动我国高校思政教育与学生管理工作作出贡献。

目录
CONTENTS

第一章 高校思政教育的理论基础

第一节 高校思政教育理念的深层解读

思政教育理念，既应当反映学生群体存在和发展的本质要求，也应当反映思政教育的本质属性和发展要求；既应当反映学生群体发展和进步的本质需求，又应当反映学生个体发展和完善的必然趋势。

一、素质教育理念

"高校思政教育，对培养社会主义事业建设者和接班人起着重要作用，须通过全面落实素质教育以完成立德树人的培养目标。"[①]素质教育是依照受教育者身心发展和社会发展目标的需要，以全面提高全体受教育者的基本素质为根本目的，以尊重受教育者主体性、个性化发展，注重人的创新能力培养，为受教育者终身学习打下良好基础为特征的教育。

（一）素质教育的特征

素质教育是一种价值教育，以实现人的全面发展为目标。它具有以下特征：

1. 社会性

素质教育过程中离不开社会的政治、经济、文化等因素而孤立存在，必须放到社会大系统中进行。素质教育也是按照社会的要求、依照教育对象自身发展的特点去培养人、塑造人。在社会主义社会中，素质教育必须按照社会主义

---

① 高静. 论高校思政课程的素质教育目标及其实施路径 [J]. 江苏高教，2021（07）：75.

教育方针的要求，培养德智体美全面发展的社会主义建设者和接班人。

2. 全体性

素质教育的目标不是哪一部分人，而是面向全民族，是提高全民族的整体素质。学生是我国未来社会的接班人和建设者，面向全体学生实行的素质教育不仅是教育机会均等的体现，也是我国全体公民素质提高的必然要求。素质教育不是一种英才教育，它要求每个学生都在自己原有的基础上和他们天赋允许的范围内充分发展，它不仅着眼于当前的社会需要，更注重未来社会和人类发展的需要。

3. 创造性

社会的发展需要大批具有开拓精神和创新能力的人才。要培养学生独立思考的意识，探索真理的志向，提高学生自主学习的能力。素质教育是在人的全面发展的基础上，以人的各方面素质互相促进而使人的综合素质得到提高为立论基础，在这之上突出强调人的"创新能力和实践能力"的培养。但素质教育是面向大众的，目的是提高人的基本品质。要全体学生都具有创新精神和创新能力，事实上也是做不到的，因此，创新教育是比素质教育层次更高的一种教育思想。

4. 个性化和主体性

现代社会是多样化的社会，需要各类型人才。因而，素质教育在培养人的过程中不仅注重了人的个性化发展，还体现主体性特点。个性发展是学生自身发展的落脚点和最终体现，素质教育不满足于每个人一般的、共同的发展，而是根据人的千差万别的自然本性，鼓励并积极创造条件促进其个性的发展，同时有效地引导他们，激发其主动性、创造性。每位学生在学校里都受到同样的重视，学生的不同特点都受到尊重，并且主张在课程设置、教学形式、评价方式等各个方面为学生的个性发展创造条件。

（二）思政素质教育

全面有效地实施素质教育的灵魂，主要在于对学生进行思政素质教育。必须全面贯彻党的教育方针，不断增强对学生的爱国主义和集体主义、社会主义思想教育。对学生进行思政素质教育，要努力做到以下方面：

1．丰富素质教育的内容

（1）加强社会主义和爱国主义教育，教育学生树立爱国主义、集体主义、社会主义思想，树立忠诚和热爱社会主义祖国的信念和行为品质。

（2）树立一切言论行动以合乎广大人民群众的利益为最高标准的思想观念。

（3）加强共产主义道德教育，教育学生树立共产主义理想和共产主义道德思想，提高共产主义觉悟。

（4）加强党的基本路线、国情教育。

（5）加强新时代思想理论教育，用科学理论武装学生头脑。

2．变换素质教育的形式

（1）认真落实思政教育在素质教育中的首要地位，抓住思政课教学主渠道。

（2）探索思想政治素质培养的途径，不断加强和改进日常思政教育，在教育的实效上下功夫。

（3）不断加强形势与政策教育，正确认识国际国内形势，了解党的路线，了解国情民情，准确把握党和国家的各项方针、政策。

（4）不断加强校园文化建设，创建积极、健康的校园文化氛围，发挥校园文化在育人中的作用。比如：根据不同专业特色开展不同的校园文化活动，增强学生对专业知识学习的兴趣，加深对专业知识的感受，并将自己所学的专业知识运用于实践，运用于社会，从而达到开阔眼界、丰富知识、提高专业能力的作用，也使学生的知识得到强化，思维能力得到提高，从而全面提升思政教育的效果。

（5）高度重视教育与生产劳动相结合，教育学生积极参与社会实践活动，正确认识与劳动人民的关系，增强与劳动人民的感情，走与劳动人民相结合的道路。

3．拓展素质培育的方法

（1）把现代化教学手段引入思政理论课教学之中，教师不仅要在内容上突出党的指导思想，更要紧密联系新的改革实践，紧扣时代发展脉搏，而且在方式和手段上适应新技术革命引发的现代信息传播方式的深刻变革。

（2）改革考试方法，注重学生的日常表现。

（3）在专业课教学中也要渗透思政教育内容，与思政课同向同行、体现育人功能。

二、和谐发展理念

思政教育过程中应适应现代社会的发展，以和谐发展理念为指导，使学生在人际交往、环境营造、管理机制和理念、文化和谐的氛围中接受思政教育。

（一）营造和谐的环境

营造和谐的环境在思政教育中具有重要的意义，它对培养学生的政治认知、实践能力、分析问题和解决问题的能力以及学生思想政治素质起重要作用，是加强和改进思政教育系统中不可分割的，起协调、平衡、互为作用的重要因素。营造思政教育的和谐环境，就要从思政教育工作的理念和体系、管理体制、教育内容和传统的教育方法的革新、学校内部硬软件建设、教学管理等方面建构符合并体现各个构成要素的内在联系，并确保其有效运行，使之成为人们普遍认可并自觉选择的评判标准和行为。营造和谐的思政教育环境应从以下方面入手：

1. 提高思政教育工作队伍的整体能力

思政教育工作者要有驾驭思政教育工作的能力，使学生感到工作是实在的、可信的、真诚的。亲其师才能信其道，这就要求思政教育工作者树立起虚心好学的形象，树立起奋斗者与奉献者的形象；树立起勇于创新的开拓者形象；树立起实事求是的务实者形象。

2. 实现多种教育教学方式的和谐

切实改进思政理论课教育教学的方式和方法，使之努力贴近学生实际，符合教育教学规律、学生成长规律和学习特点，提倡启发式、参与式、研究式教学，多用通俗易懂的语言、生动鲜活的事例、新颖活泼的形式，活跃教学气氛，启发学生思考，增强教学效果。为顺应时代发展潮流，教师的现代教育技术培训显得尤为必要。教师应充分利用学校资源优势，运用多媒体、网络等现代传播手段，充分重视网络论坛，发挥校园网主阵地的正面效能，建立思政教育网络平台，形成正确的校园信息导向。大力推进多媒体和网络技术的广泛应用，加强校园文化建设，发挥第二课堂作用，努力营造有利于学生全面成长和发展的和谐环境和氛围。

3. 加强思政教育工作队伍建设

加强和改善思政教育工作是由社会主义学校本质属性决定的，在任何时候和任何条件下都应对其地位给予保障。思政教育工作是做人的工作，具有示范和导向作用，好的形象能够增强思政教育工作的说服力、凝聚力和感召力，这就要求从事这项工作的队伍应当由素质强、觉悟高、作风硬且具有合理知识结构和丰富工作经验的优秀人才组成。应本着"精干高效"的原则，建立一支能适应新时期思政教育工作的高素质的专兼职队伍。

4. 实现理论与实践的和谐

学生是知识、能力、情操等的主动获取者。学生是否主动参与，是衡量思政教育实效的重要标志。学习是学生认知结构的建立、改造和重组的过程，学生是积极意义构建的主体。所以，学生只有亲身参加思政教育实践活动，调动各种积极因素（包括运用现代信息技术）来激发学生主动探索的动机、端正学生主动探索的态度、激励学生主动开拓的精神，才能获得真知。

知识来源于实践，学生的学习虽然主要是接受人类已有的知识，但是实践教学过程要充分利用学生的直接经验，要密切联系生活实际、社会生产实际和已有的知识。在学生学习过程中，要充分利用教具、学具、课件让学生观察、操作、实验、探索，引导学生去做、去思考、去练习、去应用、去实践、去探索。知识是人类实践经验的总结，也是人类文明的结晶，学生学习知识，会应用，会举一反三，会融会贯通，才是真知，才具有稳定性、长效性。

（二）和谐的人际交往

人是社会的人，人类离不开相互之间的交往。随着网络的快速发展，学生普遍成为网络原住民，但是人是现实中的人，人不能仅生活在虚拟世界中，因而现实中的人际交往仍然很重要。学生的主要精力是学习，大部分时间在校园里度过，他们对人际交往的关注较少，交往的范围也比较狭窄。这并不利于学生自身的成长，应加以改变。学生实现人际交往的和谐具体做法包括：①进行内在调整，先从自我开始，重新认识自我，尊重自我，接受自我，正视和包容自己的缺陷和不足；②待人要诚恳真切；③有一颗开放的心，不仅要学会排解自己所遭遇的麻烦，也要培养对自然与社会的好奇心与热情；④努力提升自我，在人际交往中不仅能散发气息感染人，也不至于迷失自我。同时，社会或学校也应对人际交往方面有困难的同学予以帮助，尊重他们，鼓励他们，使他们在人际交往方面达到和谐状态。

三、全面发展理念

全面发展即人的全面发展，指人的体力和智力的充分发展，又指人在德智体美劳，各方面和谐的发展。教育是造就人的全面发展的重要方法，在思政教育中，必须用全面发展的理念教育学生。在思政教育工作中，必须以学生全面发展为目标。学生是民族的希望、祖国的未来，是国家的合格建设者和可靠接班人。因而，必须使学生健康成长，使其思想道德素质、科学文化素质和身体健康素质等方面都得到提升。

第一，思政教育应服务服从于学生的全面发展。思想政治素质的提高为学生成长成才提供强大精神支撑。学生的全面成长成才要以人为本，把思政教育与学生成长成才需要结合起来，引导学生坚持学习科学文化与加强思想政治修养的统一，学习书本知识与投身社会实践的统一，实现自身价值与服务祖国人民的统一，树立远大理想与进行艰苦奋斗的统一，为振兴中华做出更大贡献。

第二，思政教育应以学生全面发展为出发点和落脚点。思政教育应根据社会和学生思想变化的实际，不断总结，不断扩展新视野，做出新概括，丰富思政理论教育，以多渠道、多方式促进学生全面发展。在思政教育中无论是加强文化、网络、科技、伦理等领域建设，还是为学生提供多样的社会实践活动，还是拓宽校园文化建设领域等，其出发点和落脚点都是为了学生能够全面发展，成为社会主义事业的合格建设者和可靠接班人。

第三，思政教育应服务于学生的健康成长。思政教育要以促进学生成长成才为目标，积极创造条件，为学生成长成才服务。在做好学生成长成才教育的过程中，还应关注心理健康，加强学生心理健康教育，使其健康成长。

第四，思政教育应有助于学生人力资源的开发。随着社会的进步和发展，特别是随着知识经济的到来，科技、文化功能的强化，社会发展越来越依靠人的素质的全面提高，社会将越来越重视人力资源的开发。我国现代化建设的进程，在很大程度上取决于国民素质的提高和人才资源的开发。要实现这一任务，必须注重人的非智力资源的开发，特别是注重科学管理和思政教育等手段。人力资源开发，从根本上讲，就是要制定一系列政策措施极大地调动人的积极性、主动性、能动性，解放人的思想，激发人的创造性，充分挖掘人的潜能，从而全面实现人的价值，使人获得真正的全面发展。

第五，思政教育应解决学生遇到的实际问题。随着社会的快速发展，许多现实问题应运而生，学生同样面临许多现实问题，如高学费造成的贫困问题、网络多元文化造成的价值观多元问题及就业难等问题。这就要求思政教育工作者切实了解学生遇到的实际困难，与他们谈心、沟通，了解他们的心理状态，为其提供帮助。除此之外，学校和社会也应为学生提供更多的实际帮助以解决学生面临的问题。

第二节 高校思政教育价值实现的形态

一、高校思政教育价值的特征与形态

价值的意思为值得、有力量的，是指一件事物的价值，并主要指经济价值。价值是人的需求与满足这种需求所需要的客体属性达成的交接点。主体与客体是肯定关系。主体和客体决定了价值，同时价值还会因为主体的能动性，相应地改变客体的历史性。价值所具有的客观源泉和基础都是价值客观性的表现，同时，价值也是将主体性和客观性及历史实践等统一的内核。

价值在思政教育方面体现出教育的有用性，讨论思政价值含义的前提，必须是将思政教育当中的主客体，通过正确的价值观联系起来，从而正确地构建它们的关系。社会由人组成，人是社会的主体，也是思政教育的主体。人们在社会中不可能脱离集体而存在。因为人是社会组成的一部分，与社会相一致；同时，人与社会之间的关系是相互成就和构成的。人既能够创造出社会环境，而社会环境也能够塑造一个人的人格。人与社会的物质条件，决定了社会通过人的活动而形成了一个怎样的产物，拥有怎样的社会关系，以及在群体当中具有怎样的价值。作为思政的主体，群体与个体以及全球的人类，与思政教育构成主体和客体的紧密关系。

主体和客体是一个相对的概念。主体的认识以及实践都是通过客体展现出来。在思政教育中，主体的主要对象就是客体，主体与客体之间能够直接发生一些特定的关系，并通过教育实践活动来满足主体与客体之间的密切联系。价值关系的产生是主体存在的主要根源，而思政教育，可以从三个方面定义主体的地位，主要包括：①通过物质或精神的分类，来划分对象，物质主要表现在教育环境、条件等方面，精神主要表现出教育的目标、内容以及原则等；②通过性质可以将教育的主体分为个人和社会的；③通过来源可以将主体分为本身的主观世界以及之外的客观实践。主体本身是能动的，是通过不断的认知和评价进行自我教育的，因此，主体也可以包含在客体之内。就是说主体在一定条件下，可以转化为思政教育的客体。

"从马克思主义价值论出发，高校思想政治教育的价值表现为一个完整的价值体系，具有价值耦合的系统性特征。"① 思政教育的主体需要和客体功能，无法通过思政教育的价值来满足，而是需要根据主体与课题之间的隶属关系，通过交互作用，让思政教育的价值充分体现，将它们连接起来。思政教育的价值通过主体和课题之间的互动逐渐形成，思政教育不但能够将主客体的关系相互连接、统一，同时也能够把人的主体地位和思政教育逐渐向人趋近的方向联结。通过这种实践，让主体逐渐形成对于能量交换、信息交换、物质交换等层面的认知，并逐渐满足主体需求，从而实现二者关系的有机统一。

---

① 米丹 . "大思政"理念下高校思政教育价值体系的整体有效性探讨 [J]. 黑龙江教育学院学报，2016，35（04）：75.

（一）高校思政教育价值的特征

1. 短期性与长期性

高校思政教育的活动，具有针对性和现实性的教育意义，比如在实践活动中，受教育者能够通过教育内容，触动自己的心灵，从而激发自己思想的变化，逐渐将意识转化为行动，进而成为对社会发展有促进作用的个体。思政活动，可以通过这种短期活动对主体产生良好的教育效果，同时，除了短期活动的教育效果外，受教育者需要长期坚持，来不断地将学习到的内容逐渐内化与外化，转换成自己长久的行为习惯。

高校思政教育效果的长期性是指思政教育的效果能够对个人与社会产生长远影响的属性，思政教育通过让受教育对象从思想、情感、能力、品质、意志和认识等方面综合提升，让思政教育逐渐向满足社会发展需求的方向转变，通过社会整体的需求，向个人的精神世界转变就是内化的过程。而外化是指通过让教育对象受到思政教育，转化成一系列的行为和实践，并养成习惯，即由思想政治品德转化为行为、实践的发展过程。经过"两次飞跃"，社会的外在需求转化成了受教育者的思想政治素质，教育的效果将持续对人的发展产生影响。高校思政教育价值的特点既有短期性又有长期性，在短期性的基础上实现对人的持续、深刻的影响，满足社会和人发展的需要。

2. 直接性与间接性

高校思政教育价值具有直接性，也有间接性。直接性是指通过思政教育，能够影响受教育者从思想根基上发生一系列改变，思政教育能够通过这种观点的输出，直接将一些观念和规范传授给受教育对象，并通过有计划和有组织的影响，提升受教育者的思想水平整体，让他们形成符合社会需要的思想体系。高校思政教育也能够让人们的思想产生变化，通过间接影响来改变受教育者的行为。因为思政教育是一个复杂的转换过程，从认知理论到执行，通过将学习到的思想转化成行动的复杂步骤。通过正确的思想转化，人们就可以用正确的行为将行动转化成精神财富和物质财富，从而推动社会发展。

3. 潜在性与显在性

在存在方式上，思政教育的价值能够从显性和潜在性两方面体现。高校思政教育本身是一个潜移默化的过程，通过长久的受教育来让自己的思想发生改变，从而影响自己的实践行动。这种潜移默化能够从开始的隐性教育到最后通过自己的行为习惯来展现出来，成为显性行动。这就是高校思政教育的价值存在的潜在性与显在性。

正因为这种思政教育，通过掌握教育的内容来形成科学的正确的思想价值观念，从而引导人们通过实践行动来创造自己的物质财富和精神财富，让思政教育逐渐体现出外在的价值。高校思政教育能够引导学生长久进步，在思想上让自己的精神内核不断成长，通过不断地潜移默化的影响，最后影响到行为习惯，将思政教育完全外化展现出来，成为对社会有用的人。

4. 阶级性与社会性

在不同的社会制度之下，高校思政教育也有不同的本质，这种本质能够通过不同阶级的利益表现出来，因此，高校思政教育具有阶级性。在阶级社会，价值主体对思政教育的需要具有阶级性，任何阶级都需要思政教育来传递自己的意识形态、指导思想、政治意图、道德规范和思想观念，以培养社会合格的建设者和可靠的接班人为目的，维护社会的根本利益。高校思政教育是通过一定教育方法，将一定阶级的政治思想，通过宣传和灌输来影响学生，通过自己的意识形态来改变人们的思想，反映阶级需要，为一定阶级提供服务。中国共产党从来不回避其具有的阶级性，以人民群众的利益为最根本的服务目标，满足人民最根本的利益需求。

一切社会关系的总和构成了人的本质，思政教育具有社会性，能够展现出一定的社会关系价值。因此，高校思政教育一方面，能够通过满足社会需要提供自身价值，通过具有的功能，让个体与社会都能够通过正确的思政教育，引导具有一定的政治方向，也能够约束受教育者的行为，让其拥有全面发展的能力，健全的人格与精神思想能够让其成为符合社会需要的合格人才；另一方面，某些教育活动能够通过思政教育满足不同阶级的需求。不同的阶级具有不同的意识形态，但是通过思政教育的活动可以跨越阶级，让人们产生共性的思想理念。在一定条件下，思政教育的价值，是需要通过不断完善、发展政治教育，来吸收和借鉴曾经的历史经验，从而总结出更符合国家发展的教育方法。

（二）高校思政教育价值的形态

高校思政教育价值的类型也称为思政教育的价值形态，是指根据不同标准，高校思政教育价值呈现为不同的形态，具体如下：

1. 显性价值与隐性价值

显性价值是通过教育过程中展示给外界的语言行为和价值评估等体现的。这些显性价值往往通过具体的教育活动、课堂教学以及各种形式的评估和展示来实现。高校思政教育在提升受教育者素质方面具有显著作用，旨在增强其改造自然、适应社会的能力和水平，从而在实践中为社会创造更多的物质财富和精神财富。高校思政教育不仅依靠显性活动的展示，更重要的是通过隐性价值来体现其深层次的影响。

隐性价值的体现是思政教育的一个重要方面。这种隐性价值表现为思想观念的潜移默化改变，尽管这种改变可能不会立即通过外在行为表现出来，但其潜在的影响力不可忽视。隐性价值常常通过教育者的言传身教、环境的熏陶和潜移默化的方式逐步内化到受教育者的思想深处。随着时间的推移，这些内化的思想观念和价值观念逐渐影响受教育者的行为方式和生活态度，从而在更长远的时间内展现出其教育效果。

在思政教育中，显性价值和隐性价值共同构成了教育价值的统一体。显性价值通常较隐性价值滞后显现，这与教育规律密切相关。受教育者良好素质的养成是一个长期且渐进的过程，需要通过不断的学习、反思和实践来逐步实现。高校思政教育的效果往往需要经过一定时间的沉淀，在受教育者完成教育后才能逐渐显现。这种教育模式强调内化于心、外化于行的过程，最终实现受教育者综合素质的提升。

显性价值的滞后性和隐性价值的潜在性决定了高校思政教育的复杂性和长期性。高校思政教育不仅要注重显性价值的传递，更要重视隐性价值的培养。教育者应在教育过程中注重培养受教育者的思辨能力、社会责任感和实践能力，使其在理论学习和实践活动中不断提升自身素质。这一过程中，教育者的言行举止、校园文化氛围以及社会实践活动等，都对隐性价值的培养起着重要作用。

高校思政教育的目标不仅在于知识的传授，更在于价值观的引导和人格的塑造。通过系统的思政教育，受教育者能够树立正确的世界观、人生观和价值观，增强社会责任感和历史使命感。这种综合素质的提升，不仅有助于个人的全面发展，更为社会的进步和国家的繁荣奠定了坚实的基础。

显性价值和隐性价值的相互作用，最终实现了教育价值的全面展现。高校思政教育通过显性和隐性两种方式，促进了受教育者全面素质的提升。这种教育模式，不仅有助于培养德才兼备的高素质人才，更为国家和社会的发展注入了新的活力和动力。在全球化和信息化快速发展的今天，高校思政教育的重要性更加凸显，其显性和隐性价值的统一性将继续发挥重要作用，为构建和谐社会和实现中华民族的伟大复兴贡献力量。

2. 直接价值与间接价值

直接价值是通过思政教育活动，直接影响、满足社会和自身的发展需求，通过将正确的思想品德内容传递给受教育者，让他们的精神状态发生积极改变。对于受教育者，提升综合素质、激发综合潜力、调动劳动者的积极性和创造性，能够体现出思政教育的直接价值。

间接价值是受教育者不能单纯从思政教育中直接满足社会和自身发展的需求，而是需要通过学习思政教育的理论知识，将自己的精神动力逐渐内化，并使其转化为自己的物质财富，来对社会的发展有促进作用。

思政教育能够通过政治实践活动来影响和引导受教育者，形成正确的精神世界观、价值观和人生观，这是思政教育的直接价值；间接价值是通过思政教育活动来间接为社会的发展进步提供助力，比如我国坚持的社会主义核心价值观，需要在多元的背景下，从国家、公民和社会三个层面，通过坚持马克思主义，构建起人们的主流价值观，再通过思政文化的教育，让全社会形成对社会主义核心价值观的认同和践行，通过将精神斗志转化成社会发展的动力，来实现我国全面建成小康社会的目标。这种内化的精神追求，能够通过人们的自觉行动展现出外化的表现，从而让世界社会得到发展，这就是思政教育的间接价值。

思政教育直接和间接价值是辩证统一的关系。直接价值是基础，而间接价值是直接价值的综合反映。直接与间接价值之间的关系密切又复杂，需要通过思政教育将两者有机结合。不能因为思政教育不直接参与物质形态的生产，而否认其间接价值；也不能借口强调物质生产在社会发展中的决定性作用，而否认思政教育的直接价值，进而否定思政教育存在的必要性。

3. 理想价值和现实价值

高校思政教育的理想价值是指有实现可能性的价值，它高于现实价值，具有超前性和导向性的特点。我国高校思政教育的理想价值是全国人民为实现中华民族伟大复兴的中国梦而奋斗的同时，实现综合发展。高校思政教育能够从目前已经实现的和正在实现过程中的价值，转化成让人们能够感受到教育的有用性，从而实现高校思政教育的现实价值。

高校思政价值能够将理想和现实形成相互促进、相互联系的关系，它们之间辩证统一。现实价值作为基础，能够让理想价值拥有可承载的坚实地基，而理想价值是通过现实价值导向而最终达成的目标，可以让理想价值作为对受教育对象的激励动力。教育对象能够通过知识解决现实问题，才能够体现出高校思政教育具有的有用性和吸引力，也是人才成长的需要。高校思政教育，可以为受教育者的精神提供理论支持，同样也可以为现实价值提供有力支持，虽然教育也许不能直接解决现实问题，但是却没能够为解决现实问题提供有力的理论基础。

高校思政教育具有的理论价值以及现实价值，需要通过人们正确地处理平衡二者的关系。受教育者需要通过日常教育，让思政教育理论学习为他们解决现实问题提供帮助；同时，思政教育也需要将理想价值作为目标，正确地引导受教育者树立自己的人生观，两者的有机结合，才能够将思政教育的价值最大化。

4. 工具性价值与目的性价值

工具性价值作为目的性价值的前提，是一种巩固阶级统治的工具。通过将传播意识形态作为主要手段，将工具性价值作为价值教育当中的主导地位，体现高校思政教育的内核。工具性价值能够保证实施目的性价值；同时，工具性价值的实施是目的性价值的归宿。

目的性价值是通过正确引导，让受教育者在发挥自己主观能动性和创造性的同时，主动认识到自身发展需求，最终成为全面综合发展的社会公民。高校思政教育从阶级性和实践性出发，通过将受教育者的意识形态，达到与社会发展相结合的教育观，来达成社会管理和阶级统治的需要。目的性价值，就是将个体作为主要的主体，通过思政教育来满足个体精神层面的需求，通过提升思想政治素养来达成对于人类精神世界的构建。

工具性价值和目的性价值，这两者之间相互都有着支配和制约的作用。这两者能够在思政教育的实践当中进行有机的统一，这三者不可分割。思政教育不仅要为社会培养合格的社会主义建设者和接班人，而且还要为受教育者实现成才成长的个人目标服务。

二、高校思政教育的社会价值发展

社会价值是思政教育通过传授教育内容，逐渐将生态、文化及经济建设来通过教育而积极地构建起来，从而让思政教育获得客观存在的社会价值。这与一些社会的文化、经济和生态的现象具有一致性。教育发生了作用，呈现出对社会方方面面的价值，因此这也是思政教育具有社会价值的形态体现。

（一）生态价值

让全民形成环保意识和节约意识，对生态环境也有正确的保护意识，形成良好的合理的消费观念，共同营造良好的社会风气。让人们在良好的生活环境下，为生态作出自己的贡献。思政教育在引领生态思潮促进生态文化创新方面也是重要推动力。工业化发展让人们对自身所处的环境和不断恶化的生态有了更清晰的认识，人类要面对的生存危机也日益凸显，在危机中形成了多种生态思潮，如生态哲学、生态政治学、生态社会主义、生态社会学等，从不同方面寻找生态危机产生的原因并找到解决方法。生态思潮主要通过重新审视人类文化，批判一部分思想文化，从思想上寻求生态危机产生的根源，也就是社会文化和价值观方面的问题。思政教育需要以马克思主义为指导，从这个角度出发，帮助人们形成正确的生态观，引领生态思潮的发展，探讨生态思潮产生的原因，从本质上揭示，让人们在评价和选择方面有更明确的方向。

人与自然的和谐发展，人类社会协调可持续的发展是全人类的共同追求，也是最终的发展目标。中国先进文化中，社会主义生态文化是关键的一部分，马克思主义是指导思想，最终目标是要实现人、自然和社会的协调发展，这既是人类历史发展势不可挡的趋势，也是先进文化的要求。思政教育立足于当下，紧跟时代发展步伐，在生态文化建设方面，始终坚持创新，遵循生态文明建设原则。这样做的目的是让受教育者明白生态文明建设的价值，认识到自然界不仅可以为人类提供物质所需，还可以满足人们在科学、审美、文化方面的需求，具有极大的精神价值。一定要充分发挥思政教育在文化创新方面的作用，以科学发展观为指导，从古今中外的生态文化思想中吸取合理的部分，人民群众在生态文明建设过程中的经验也值得借鉴，可以总结和提炼，使生态文化朝着创新方向发展，在未来发挥更积极的作用。

（二）文化价值

思政教育在某种程度上能够满足人民的文化需求，同时促进文化发展，这就是思政教育在文化方面的价值，在社会意识形态的组成要素中，思政教育不可或缺，它本身就是需要付诸实践的文化活动，可以有效促进我国社会主义文化的发展，增强国家软实力，建设文化强国。思政教育的文化价值主要体现在以下方面：

1. 文化选择

思政教育在文化选择方面的价值主要有两个方面，分别是正面的选择和反面的排斥。正面的选择主要是吸收积极的文化，筛选与思政教育价值观相同的内容，将这些先进思想纳入教育中，丰富思政教育等组成部分，并在后期发展中继续继承、不断弘扬；反面的排斥主要是排斥与思政教育导向不符的内容，对有害的劣质文化加以抵制，从反面推动思政教育发展。

文化包括主流文化和非主流文化，通过丰富的内容和表现形式，能够为人类社会的发展提供最宝贵的历史精神财富积累，但文化也有糟粕。无论是物质方面的文化还是制度和观念方面的文化，不论何种形态文化，只要与思政教育的最终目标与内容一致，思政教育都应该积极选择和吸收，促进文化发展，使它们拥有更广阔的发展空间。我国社会主义文化的繁荣和发展，离不开思政教育的推动。要把我国建设成为文化强国，思政教育应该不断取长补短，筛选各种文化，吸收有利内容。

2. 文化渗透

意识形态决定了思政教育需要通过统治阶级的意识形态，控制思政教育相关的社会文化意识。通过宣扬符合阶级目标的道德要求和文化价值观念，逐渐让符合要求的思政教育，渗透到相关的教育过程当中，通过思政教育来弘扬社会主流文化，使之在社会亚文化中发挥更大作用，而要使主流文化渗透和影响各种社会亚文化，最重要的一种方式就是思政教育。思政教育传播主流文化，体现当前时代发展的特点，以人民为中心并具有中国特色，在指导思想上，融入了中华优秀传统文化，借鉴、吸收世界优秀文化，具有包容性和多样性。在主流文化外还有各种亚文化。这些主流之外的文化，不仅在方方面面影响着社会文化的总体发展，也影响到社会的发展。思政教育不仅包括主流文化，还要从各种亚文化中吸收优秀内容，抵制落后思想，使主流文化能够更好发展。

3. 文化创造

文化创造是思政教育通过创造，将文化的发展向思政教育方向进行有价值转换。文化是一个民族的灵魂和标志，是一个民族的精神家园，是民族认同、国家认同和民族凝聚力、创新力、发展力的基础。在全球化的大背景下，市场竞争的表面是经济之争，深层次则是文化之争。

高校思政教育在培养创新型人才方面起到了重要作用，促进了广大人民群众积极投身于物质和文化生产建设中，推动了精神文明建设。此外，高校思政教育还能够丰富理论知识内容。高校思政教育的教育者在传播思政观念和价值观的过程中，结合当前社会实际情况及自身的教学经验，吸收优秀文化，自觉抵制腐朽落后的文化，向受教育者传播最新的思想和理念，确保符合社会主义核心价值观的要求，同时也完善了原有的文化体系。思政教育在教育学科中具有特殊性，因为它能够影响人类的生活方式和价值观念，通过改善人们的知识结构来影响他们在活动和生活中的行为习惯，对更新人类文化结构也起到了一定的创造作用。

高校思政教育不仅在理论层面上培养学生的创新思维，还通过实际操作和社会实践，使学生将所学知识应用于现实生活，增强解决实际问题的能力。这种教育方式有效提升了学生的综合素质，使他们能够更好地适应社会发展和市场需求。在传播社会主义核心价值观的过程中，高校思政教育者不仅传授知识，还注重培养学生的道德品质和社会责任感，使其成为具有良好社会适应能力和创新能力的高素质人才。

在教育实践中，思政教育者通过各种教学手段，如课堂讲授、讨论交流、社会实践等，将思政理论与实际相结合，使学生能够在真实情境中理解和运用所学知识。这种教学模式不仅增强了思政教育的实效性，还激发了学生的学习兴趣和主动性，培养了他们独立思考和解决问题的能力。

此外，高校思政教育还注重校园文化建设，通过丰富多彩的校园活动，如讲座、论坛、文化节等，营造良好的文化氛围，促进学生全面发展。这些活动不仅丰富了学生的课外生活，还增强了他们的团队合作精神和实践能力，为培养全面发展的创新型人才打下坚实基础。

4. 文化传播

人们的政治观点或思想观念等具有文化特征的文化观点，从一个群体当中传播到另一个群体中，这种传播过程称为文化传播。思政教育，通过广泛传播社会主流的文化教育，来让公民具有社会化的思想道德意识。思政教育，从主导意识形态和传授思想政治相关信息方面，让学生们接受主导社会文化发展的价值观，并养成符合社会发展需要的行为习惯；同时也能够通过思政教育的学习和实践活动来获得相关知识，从而形成符合社会发展观念的政治态度、观点、信仰、情感和行为。

（三）经济价值

经济价值是通过思政教育活动创造的促进社会发展以及经济增长，从而满足人类的需求的效应。人类的需求可以分为精神需求和物质需求，这些都是能够通过思政教育的经济价值来满足的，将经济建设设为思政教育的中心，要通过正确的理论指导，来保证社会主义的发展方向，并为经济建设提供动力。

1. 明确社会经济的发展方向

社会主义制度下的市场经济，是通过市场的机制和社会主义制度有机结合起来而形成的。市场作为资源配置的基础之地，能够结合市场机制的规范来坚持社会主义方向的发展。市场经济向社会主义方向发展对市场经济的本身构成有重要意义。社会主义方向是通过市场经济的构成得到保障的，这也是控制社会主义市场经济发展的根本依据；人们对社会主义市场经济的构成有一致的理解与认识，在相同的内在结构当中，人民由于共同的认识而达成自觉地坚持社会主义市场经济的发展方向，而这离不开人们对思政教育方面的学习，只有充分保证这个优势，才能够对现行的社会经济体制作出正确的引导和宣传，让人们认识到经济制度在目前社会具有必然性和合理性，通过规范经济行为，让人们逐步地产生规范的意识。对正确的效率观念和竞争意识的教育，也能进一步地推动人们能够更积极地为经济建设作出努力。

2. 推动社会发展的精神动力

思政教育能推动社会的发展，能够成为社会发展的内在精神动力。作为社会的生产主体，人是生产的主力，人类通过生产力的发展，来征服自然和改造自然，这也是生产力发展至今的最主要动力。当代中国要将发展作为我国的第一要务，通过保证科学技术的发展，来为我国的生产力提供持续发展的动力。提升科技进步和劳动者素质是我国当今社会生产力增长的最关键因素，这些根本因素也让经济的增长方式发生了改变，人才已经成为我国生产力发展上最重要的战略资源，也是我国生产力发展和进步的开拓者。这说明人才是促进生产力的重要因素，只有让人全面发展，成为先进的劳动者，才能够进一步发展和提升社会生产力。

劳动者的全面发展要具备两个基本的素质：①先进的劳动能力以及对于科学文化的基本素养；②积极的社会责任感和事业心，能够通过崇高的精神和积极的劳动来为社会生产提供动力。科学素养和劳动力是能够直接展现在劳动者身上的因素，劳动者本身具有的道德和思想政治素质，能通过直接和间接的作用反映到生产力上。这种直接和间接的作用，不但能够展现出人类的智力条件，也能够展现出一些精神层面的非智力条件因素，其中，非智力因素通过反映劳动者素质，成为提高劳动者精神动力的重要条件，也深刻地影响生产力发展的方向。

思政教育也能直接影响人们的道德素质和政治素质的发展。思政教育能通过教育内容，激发劳动者本身的创造性和积极性，为生产力的发展提供不竭的动力；思政教育也改变了原来的生产关系，通过发展生产力，让生产关系更适应现代社会的发展需要。需要正确对待这种改革，因为改革当中一定会出现一定的难和风险，但是中国特色社会主义道路能够为改革进程中的开拓者提供信心和动力，让人们充分地投入到改革运动中，发展和解放生产力。

3. 提供社会经济的发展环境

国家的经济增长是一个国家能够为人民提供经济商品的能力保障。而这个能力是通过技术的进步和意识形态的完善实现增长的。经济发展在任何社会中，都需要有思想意识的支撑。人们的生活生产方式，随着全球经济的变化都产生着相应的变化，这反过来也会影响人们的思想观念和价值观念，各种新的思潮涌现能够深刻影响我国意识形态的变化，在这种情况下，一定要严查意识形态的宣传教育，不能让全球经济快速发展的新思潮打乱了意识形态教育。意识形态为统治阶级服务，而意识形态的教育也是思政教育中最主要的环节。

只有社会的稳定与和谐才能够促进社会环境长足发展，而思政教育能够通过对意识形态的教育，来为人们创造良好的社会舆论氛围和精神氛围，通过社会良好风气的养成来促进市场经济健康发展。思政教育能让受教育者辩证和全面地看待经济问题，并通过客观科学的分析，让人们从狭隘的经济增长框架中拓宽视野，通过树立自己的科学发展观念，让经济和社会的进步具有可持续性和科学性，在思政教育的教学内容中，总结出方法论和指导思想，从而形成对经济进步方面的正确认识，并逐渐形成良好的社会，心理环境和道德环境。

三、高校思政教育的集体价值发展

思政教育价值有时通过集体价值表现，以集体为主，思政教育的客体价值通过集体来实现，也就是思政教育活动可以满足集体发展需要。由于思政教育本身具有独特的属性和作用，因此可以对集体产生积极的影响，促进集体发展。

（一）创造集体文化

全体成员的共同努力才创造了集体文化，它包括任何物质的和非物质的文化，集体成员通过学习可以使之继续传承和发扬。在集体文化建设和发展过程中，思政教育主要有以下作用：

第一，在制度文化方面，集体成员的行为受到各种规章制度的约束和支配。集体成员对规章制度的认同关系的他们自身的利益，如果能够很好地贯彻落实规章制度，可以实现全体成员的利益，稳步提升他们的物质生活水平。因此，要帮助全体成员对集体的规章制度产生认同并自觉遵守，在执行制度过程中也要不断完善。

第二，在精神文化方面，思政教育对人的思想具有塑造作用，统一集体成员的价值追求，树立正确价值观，让集体文化拥有更强大的生命力和凝聚力。通过思政教育活动，能够不断强化有代表性的集体文化，一些有特色的集体仪式和集体象征物等能够以更独特的面貌和方式对全体成员产生相应影响，塑造更好的集体形象。

（二）增强集体凝聚力

思政教育可以团结和凝聚广大人民群众的力量，在长期的革命实践中已经得到了验证。思政教育可以使人们团结一致，使之形成强大的动力，推动集体发展，凝聚众人的力量。

第一，强化集体认知。思政教育通过让个体认识到自身与社会的连接，来实现个人价值；个人通过培养思政教育，逐渐形成了集体的认同价值观和行为准则，通过准则约束集体成员的行为；并通过制定集体共同的合理科学，来确立共同目标的发展规划。

第二，深化集体情感。思政教育能够培养个人对集体的认同感、归属感、荣誉感，构筑健康的集体心理，使个体渴望成为集体中的一员，自觉把个人利益和集体利益结合在一起，与集体荣辱与共。

第三，坚定集体信念。思政教育通过引导人们的思想意识来影响集体成员的行为习惯，让集体成员形成集体荣誉感和责任感，并对集体保持忠诚、自信和自豪感，这种觉悟能够让集体成员保持齐心协力的发展方向，通过共同的目标来激励自己约束自我的行为习惯。

（三）缓解集体矛盾

集体主义教育包括多方面的内容，主要有如何处理个人与集体的关系，对他人更理解和包容，集体成员之间彼此团结合作等。思政教育也采用了多种方式。来缓解集体内部的矛盾，解决问题，使集体内部成员关系更融洽、团结一致。

第一，创造良好的集体氛围。思政教育要建立在对集体成员有很好的认识与了解的基础上，及时发现并解决问题，对集体成员有正面引导；领导者和群众具有一定的权威，在集体舆论的形成中具有重要作用，可利用他们把握舆论导向；在舆论中融入思政教育的内容，在无形中增强舆论感染力，营造积极向上的良好氛围。

第二，创造平等沟通交流的平台。思政教育要发挥沟通的作用，可以通过面对面的直接交流，讨论座谈会以及其他形式的媒介，促进思想的交流和意见交换，分享彼此的感受，使双方有自由平等交流的平台，可以增进感情，促进解决问题。

第三，关注集体成员的心理。思政教育可以促进形成良好干群关系，也可以帮助集体成员处理各种人际关系，正确看待彼此之间的关系；思政教育还可以更清晰地认识和了解集体成员的思想，方便制定和完善某些政策，兼顾到集体成员的意愿。

（四）实现集体目标

个人价值的实现是在社会中进行的，也是在集体中进行的，而社会的发展也同样需要集体和个人的努力。而思政教育就是帮助人们如何处理个人、集体和社会三者之间的关系，在集体目标中融入社会建设的目标，让集体目标体现社会发展的方向，促进集体科学的发展。如果集体制定的目标能够得到全体成员的认同，那么这个目标就是有效的，并可以全体成员作为个人目标努力践行，这样可以推动更好地实现集体目标。思政教育主要通过宣传的方式，让人们认识到集体发展的目标，可以让人们用辩证和发展的眼光来看待这一目标，使个人的目标与集体目标发展相一致，使个人明确自己的志向。

集体成员在思政教育的融入下，能够更明显地表现个人情绪，使他们情感更充沛，彼此之间的关系更融洽，激发出积极的情感，抵制消极情绪。此外，还可以引导集体成员在情感和组织上更加积极向上。最终使集体目标内化为个人的目标，凝聚众人的力量，从而更好地完成集体目标。

四、高校思政教育的个体价值发展

思政教育的个体价值体现在能够满足个人生存和发展的需要。实现人的自由和全面的发展是思政教育个体价值最本质的表现，也是最终的目标。思政教育的个体价值体现在以下方面：

（一）人格塑造

一个人整体上的精神状况就是人格表现，人格具有一定价值倾向，也是一种较为稳定的心理特征。人格主要包括个人精神品格、思想境界、情操和道德水平等。思政教育最主要的是要通过一定的方式，让受教育者形成良好的个人品格，在精神境界方面达到更高的层次，拥有健康的心理素质，为未来社会的发展培养高素质人才。

思政教育工作的深入开展，引导受教育者明确自身定位，认识到自己在未来社会发展中的地位，增强责任感和使命感，拥有主人翁意识；也让受教育者明确人生目标，树立崇高的理想，指明奋斗方向，对社会、人生和个人有更清晰的认识，具备改造和适应环境的能力；影响受教育者的认知、情感和态度，拥有健康向上的心态，热爱生活，主动创造，在生活中积极乐观，顽强奋斗，发挥个人的潜能，促进人格完善。由此可见，思政教育在完善和发展自我方面具有重要作用，给人内在的精神动力，帮助塑造健全的人格。

（二）精神激励

让学生拥有积极向上的精神力量，促进学生全面发展，是思政教育的重要作用之一。在激发学生精神动力方面思政教育发挥了很大作用。人因为有需要才会有行动的动力，进而有行动。人的需要主要包括两种：物质和精神需要，也会因此产生物质和精神上的激励。中国特色社会主义建设不仅要有正确的经济手段，还需要对人们进行精神鼓励，即思政教育。而思政教育对人的激励有民主激励、榜样激励、情感激励和目标激励。

一方面，思政教育宣传社会主义民主；另一方面，也通过各种方式让受教育者参与到社会主义管理中行使权利，这样可以调动受教育者的积极性；榜样激励是通过榜样的力量来影响受教育者，激发他们的上进心；情感激励是满足受教育者的情感需求，使他们在情感上趋向于积极、正能量；思政教育在理论方面始终以马克思主义理论为指导，践行社会主义理想信念，让受教育者树立正确的人生观和价值观，在精神层面给予人们动力。

（三）行为规范

随着改革开放的深入和市场经济的繁荣，我国的经济快速发展，社会呈现出前所未有的活力，这些对社会规则也提出了挑战。我国目前正处于社会转型时期，思政教育的意识形态作用更加凸显，要努力践行社会主义核心价值观，通过道德和法律，双管齐下，规范学生的行为。

高校思政教育是对受教育者进行有组织、有目标的道德教育，可以让受教育者拥有良好的道德品质，陶冶情操，树立正确的道德观念，将这些道德意识内化于心，对自己的行为产生约束，在社会活动中用更高的道德规范来约束和管理自己的行为。加强法制观教育，形成良好的法治社会氛围，让全体社会成员自觉形成遵守法律、学习法律的意识。同时，也要发挥法律的作用，引导和规范全体成员的行为，保障成员的利益，为社会主义核心价值观的践行提供制度保障。

第三节　新时代高校思政教育高质量发展

一、新时代高校思政教育高质量发展的出场语境

从思政教育自身来说，高质量发展是其发展范式在新时代持续演进的历史诉求；从思政教育与教育的关系来说，思政教育理应与教育政策希冀的"建设高质量教育体系"保持一致；从思政教育育人成效上来说，思政教育的高质量发展符合高校推进"时代新人铸魂工程"的实践育人要求。

（一）高校思政教育发展范式的诉求

"范式"是一个由特定共同体的成员所共有的信念、价值、技术等构成的整体，它作为一种公认的模型和范例，可以取代明确的规则以作为常规科学中

其他谜题解答的基础。在高校思政教育领域，"范式"可以理解为在高校思政教育共同体内，教育工作者用以开展思政教育活动、思考思政教育发展方向以及解决思政教育问题时所一致接受的关于价值取向、工作原则、观点理论、范例模式等的准则。思政教育范式不是一成不变的，当思政教育赖以存在的社会基础发生变革，范式也要做出改变。

进入新时代，高校发展性思政教育范式陷入困境。一方面，我国社会主要矛盾发生了变化，发展性思政教育范式所规约的思政教育思维方式、内容等无法在短期内助力人们实现对美好精神生活的向往；另一方面，高校思政教育发展范式理应以高质量发展为新时代的演进方向。因此，发展性思政教育必须在适应社会主要矛盾变化的基础上，进阶成适应高质量发展要求的范式，即高阶发展性思政教育范式。这一范式既保留发展性内核不变，又强化了原有范式，增强了范式的时代解释力，内在地规定着高校思政教育向高质量方向迈进。

（二）建设高质量教育体系的政策性导向

建设高质量教育体系是新时代我国教育现代化以及教育高质量发展的政策要求。作为具有时代特征的政策话语，"建设高质量教育体系"不仅向教育自身提出了高质量发展的要求，而且为思政教育的高质量发展奠定了总基调。思政教育与教育体系之间呈现"部分与整体"以及"整体与整体"的双重关系。

一方面，"部分与整体"的关系是指思政教育属于教育的一部分。在此关系下，倡导的"立德树人是教育的根本任务""思政课是落实立德树人根本任务的关键课程"等才具有理论根基。因此，当教育政策主张高质量发展时，思政教育也必须迈向高质量。

另一方面，"整体与整体"的关系是指思政教育与教育都是整体，离开思政教育则无法谈教育。此关系之所以成立，在于教育本身具有政治正当性。政治正当性是指教育与社会政治结构、法律标准和道德规范等相一致。缺乏这种正当性，教育可能会被用以传播偏狭的意识形态、强化不平等的社会结构以及背离社会主义道德规范。在此种关系下，建设高质量教育体系、实现教育高质量发展的过程内蕴着教育发扬政治正当性的过程，因而也内蕴着思政教育高质量发展的过程。

（三）高校"时代新人铸魂工程"的要求

每个时代都要塑造符合时代特征的社会新人，由整个社会共同经营生产和由此而引起的生产的新发展，也需要完全不同的人，并将创造出这种人来。在时代意涵上，"时代新人"意味着担当民族复兴大任的人，与实现中华民族伟大复兴的目标紧密相连；在培育途径上，要以铸魂工程塑造"时代新人"。

铸魂工程要铸理想之魂、信念之魂，而思政教育本就是一种塑造人灵魂的社会实践活动。思政教育在实践育人的过程中，铸就人的理想、强化人的信念，使人的灵魂得到升华。一个真正"有理想信念"之人必定要向"有灵魂"升华，而一个真正"有灵魂"之人必定是"有理想信念"之人。可以说，"铸魂"即是要树立"理想信念"，"时代新人铸魂工程"中所铸之魂，与思政教育中所立的理想信念，名异而实同。然而，时代新人之"魂"并不能天然生成，它要通过后天的思政教育实践来实现。高校作为开展思政教育实践活动的第一场所，理应以思政教育高质量发展应对"时代新人铸魂工程"的实践要求。

二、新时代高校思政教育高质量发展的在场表征

（一）高阶发展性思政教育范式成为应有样态

高阶发展性思政教育范式是新时代高校思政教育高质量发展的表现形态，主要有以下特征：

1. 坚持贯彻新发展理念

高质量发展就是体现新发展理念的发展，作为新时代思政教育向高质量发展方向推进的产物，高阶发展性思政教育范式必须贯彻"创新、协调、绿色、开放、共享"的新发展理念，以契合时代发展趋势。与其他思政教育发展范式相比，高阶发展性思政教育范式的不同表现在以下方面：

（1）高阶发展性思政教育范式以新发展理念构建自己的逻辑系统，在思政教育内容、过程与方法上更为强调"大思政"一体化育人格局等，致力于建成思政育人体系。

（2）高阶发展性思政教育范式强调思政教育各方面的守正创新，包括推进理念创新、手段创新、基层工作创新，使新时代思政教育和思政工作始终保

持生机活力。

（3）高阶发展性思政教育范式促进思政教育资源的开放与共享。它相当于一个资源共享系统，能够使优质资源跨越地域和机构的界限，方便不同学校和学生获取与使用。

2. 兼具理论与实践双重价值

（1）高阶发展性思政教育范式是一套思政教育工作者在开展活动、解决问题时采用的准则，相当于一种"认识工具"，是各种被实践检验过的"理论的集合"。它不仅坚持以马克思主义为指导，还融入了现代教育理论、心理学理论、社会学理论等多学科知识。这种跨学科的理论整合，为思政教育提供了更加全面和深入的理论支撑，使思政教育在指导实践中更具前瞻性和适应性。

（2）高阶发展性思政教育范式是可供思政教育工作者在实施思政教育过程中被当作范例选用的"蓝本"，相当于一种"实践工具"，具有实践应用的价值，比如为思政教育提供可行的活动设计等。

（二）建成高质量思政教育体系成为核心指征

高校思政教育高质量发展与高质量思政教育体系是过程与结果的关系，前者是实现后者的必然过程，后者是前者自我完善与形塑的必然结果，高质量思政教育体系的建成是高校思政教育高质量发展的核心指征。真正成体系的内容要由时代的现实发展和社会实践的需要来决定。判断高质量思政教育体系是怎样的、包含什么内容，要从新时代中探寻答案。当前，新时代思政教育高质量发展存在的诸多问题分别向思政教育的目标、内容和方法提出了"成人成才成群""生命生活生态""全员全程全方位"的要求。在此基础上，提出构建以序列式目标体系、体验式内容体系、全链式方法体系为核心的"三成三生三全"高质量思政教育体系。

第一，"成人成才成群"的目标体系以"人"的序列式成长为建构原则。其中，"成人"是指"成长为人"，树立了正确的三观才是真正的"成人"；"成才"要以立德树人为前提，所谓"才者德之资，德者才之帅"，要培养有德性的人才；"成群"是指从锚定"以己善群"到对标"善群成己"，实现善其身与善其群的有机统一。

第二，"生命生活生态"的内容体系以人的体验升级为建构纲要。其中，人的"生命"是思政教育的根本载体，这决定了教育内容始终都要指向"生命在场"，进行生命教育；"生活"是人在"生命"基础上的体验升级，"人民对美好生活的向往"喻示了教育内容要渗透生活实际，开展生活教育；"生态"是人在"生活"基础上的体验再升级，高质量发展应当是人与自然、社会的共生共存，因而内容体系要关注生态教育。

第三，"全员全程全方位"的方法体系以人的全链式发展为建构措施。"全员"是指高校要形成"人人参与"的工作格局；"全程"是指在课上课下、网上网下、校内校外等各个地点以及从进校到离校的各个时段，都要跟进思政教育；"全方位"是指在德智体美劳各个方面的发展中利用好思政教育环境与平台，建立起全方位的方法体系。

（三）立大志、明大德、成大才、担大任成为普遍自觉

新时代高校思政教育是否是高质量的，要从教育对象的思想成效上来评判。当高校学生普遍能够立大志、明大德、成大才、担大任，才可以说高校思政教育是高质量的。

第一，立大志，把握人生方向。立大志意味着树立远大理想，为个人发展和国家的未来指明方向。有了远大的志向，个人才能有明确的发展目标和动力。高质量的思政教育通过传授正确的价值观和理想信念，激发高校学生对未来的抱负和对社会的责任感，有利于引领学生立大志。

第二，明大德，奠定发展的德性基础。明大德是指对民族国家和全人类的崇高德性。当指向民族国家时，是指"报效祖国、服务人民"的德性。在我国，就表现为以社会主义核心价值观为基础，实现中华民族伟大复兴、坚持人民至上等世界观、人生观和价值观；当指向全人类时，是指对世界各国人民的高尚情怀，主要表现为坚持胸怀天下、推动构建人类命运共同体的世界情怀等。大德常常与私德、公德联系在一起，高校思政教育高质量发展始终要倡导的是，在学生明大德的基础上进一步引导其守公德、严私德。

第三，成大才，练就过硬本领。思政教育的高质量发展能够向学生传授知识和信息，培养学生的批判性思维和政治判断力，这些都是培养高素质人才的

重要因素。

　　第四，担大任，肩负历史使命。学生在具备了志向、德行和才能的基础上，要肩负起时代赋予的重大责任，为国家和民族的发展作出贡献。总之，立大志、明大德、成大才、担大任是高质量的思政教育不同方面的表现，四者并行不悖、相辅相成。

三、新时代高校思政教育高质量发展的现实进路

（一）凝聚思政教育高质量发展的理念共识

　　高校思政教育是一项特殊的实践活动，教育者与教育对象都是人，都具有主体性。通过教育者与教育对象双主体的互动，可以消解因身份差异导致的冲突与矛盾，达成思政教育高质量发展的共识。

　　第一，教育者与教育对象在思想上要对"高质量发展"有一致的认识。"高质量发展"包括"高质量"和"发展"两个方面。其中，"发展"是基本规定，即高质量发展归根到底是关于发展的问题；"高质量"是"发展"的修饰语，限定发展的质量、水平与状态。因此，思政教育"高质量发展"仍然要以"发展"为核心，在思政教育"发展"的基础上追求"高水平"或"高品质"。这对于教育者来说，就是要关注教育对象的"最近发展区"，考虑制定的目标、开展的活动等是否有助于教育对象的"发展"以及在"发展"基础上的"提高"，而不是一味地追求"高质量"，使得目标遥不可及或不切实际。同时，对于教育对象来说，就是要发挥主观能动性，使自身符合思政教育高质量发展要求。

　　第二，教育者与教育对象要在明确思政教育"高质量发展"定位的基础上，切实进行思想意识的互构。当教育者从思想上置换为教育对象时，对教育对象的认同与评价因为身份的转化而更加容易由"理想"转向"理性"。当教育对象从思想上将自己置换为教育者时，依照"共情理论"的逻辑判断，教育对象的思想认知会兼顾"自我"和"他我"的二重性，因此更能体察原先教育者对其思想意识、行为和效果的期望，更容易激励自我提高。

　　第三，教育者与教育对象要在实践中进行行为互构。一切思想或意识的改变只有在实践中才能焕发积极意义。教育者和教育对象要不断提升实践能力，

将高尚德性和崇高行为外显，做到思行一致，在实践中促进思政教育高质量发展。

（二）助力高质量思政教育体系的维稳运行

第一，国家要加强顶层设计，出台专门的高校思政教育高质量发展政策，通过政策制度化为思政教育机制厘定根本方向。好的思政教育制度推动思政教育走向高质量。然而，目前在党和国家颁布的相关政策文件中，涉及思政教育高质量发展的政策文件尚未形成。因此，党和国家要高屋建瓴加强顶层设计，颁布相关政策文件，并将其规范化制度化，为思政教育机制的创设提供指引。

第二，机制之间要积极互构，建立一体化、结合式思政教育互构机制。建立一体化思政教育互构机制，思政教育内容机制和方法机制互构互成，推动高质量思政教育体系内容与形式的统一。在高质量思政教育体系中，一切方法体系都要有利于内容的呈现，这就决定了方法机制必须与内容机制结合起来，使得由方法机制所决定的方法的质量和数量与由内容机制所决定的内容的质量与数量可以匹配起来，实现内容与形式相统一。

评价要以目标为参照，当目标的实现度越高，评价就要越高。不过，以目标为参照的评价是一种结果性导向的评价，高质量思政教育体系中的评价体系将不再拘泥于目标的实现程度，而是要同时关注教育对象为达到目标所历经的思想、品德等增长的过程。因此，目标机制与评价机制在互构互成中要聚焦过程和结果。

（三）促进思政教育协同育人共同体的生成

场域是多种力量或关系的聚合。充分利用好由多种力量与关系聚合形成的各种场域，有利于形成一个新的更强大的场域总力量。在高校思政教育场域中，要实现人们普遍自觉地立大志、明大德、成大才、担大任，客观上就要求家庭场域、学校场域、社会场域以及贯穿于三者中的网络场域的协同互构，通过互构形成力量更为强大的思政教育高质量发展协同育人共同体。

第一，家庭是人生的第一个课堂和社会的基本细胞，由良好的家庭家教家风所建构的家庭场域是高校思政教育高质量发展的助推力。

第二，学校场域中课堂教学是思政教育的主渠道。思政理论课要发挥中坚作用，其他各门课都要守好一段渠、种好责任田，由思政课程和课程思政为主建构的学校场域是高校思政教育高质量发展的核心力。

第三，高校思政教育的存在与发展不仅依赖于社会，而且与社会中的其他要素相互依赖、相互作用，由众多资源所建构的社会场域是高校思政教育高质量发展的支持力。

第四，网络场域具备将家庭、学校和社会场域紧密联系起来的独特能力，为思政教育提供跨越时间和空间的交流平台，可视为高校思政教育高质量发展的连接力。

四大场域相互配合、打好组合拳，如家庭提供情感和道德支持，学校提供系统的知识教育，社会实践提供实际应用的机会，而网络则提供信息交流平台等，确保了教育内容的连续性、育人目标的一致性、教育主体的互动性、教学方法的多样性，从而最大限度发挥思政教育共同体合力，推动高校思政教育高质量发展。

第二章 高校思政教育方法与科学管理

第一节 高校思政教育教学方法及其选择运用

一、高校思政教育教学的常见方法

"高校思政教育旨在提升大学生的思想道德品质，秉持'务实'的原则，在理论教学基础上融入与专业相关的教学内容，帮助学生在专业学习基础上分析行业发展现状，探索人生的新道路。"[①]加强对当代思政教育方法的发展研究，能有效促进思政教育学科理论的发展，有助于厘清发展中国的思政教育方法理论和实践形态在运作过程中遇到的系列问题，有助于提高思政教育方法的实效性，同时促进当代思政教育方法论的发展。

（一）激励教育法

激励教育法是以人的需要作为客观依据的。所谓需要，是指人们在社会生活中必要的事、物在头脑中的反映，以及由此而产生的欲望和要求，它通常以愿望、意向、兴趣、物质等形式表现出来。它是人的思想和行为的基本动力。激励教育方法即通过着眼于人的"内在短缺"和"外在目标"来研究对人的激励。由此可见，"需要"不仅对人的驱动力很大，而且是人的一种客观的心理反应。

1. 激励教育法的形式

在高校思政教育中，由于人们的不同需要以及"内在短缺"和"外在目标"的矛盾，实施激励教育法的形式也是多种多样的。

---

① 梁明.新形势下高校思政教育教学方法的探究 [J].科学咨询（教育科研），2021（02）：43.

（1）情感激励。情感激励就是通过多形式、多渠道，触及受教育者的内心世界，培养健康情感，提高理性认识的一种方法。在现实生活中，感情对人的认识活动有着极大的影响，它为做好高校思政教育创造了重要条件。充分利用感情的力量，寓理于情，让高校思政教育潜移默化地渗透到人们的心中。

（2）物质激励。物质激励就是对为国家和社会有重大贡献的人们，给予包括颁发奖金和奖品在内的实物奖励。在现实生活中，物质激励有着深厚的社会基础。因此，实行必要的、恰当的物质激励，是调节人们行为、调动人们积极性最重要的手段之一。在思政教育中应用物质激励的方式，不仅是必要的，而且是可行的。

（3）表扬激励。表扬激励就是充分肯定受教育者正确的思想和行为，鼓励其巩固和发展优良品行的方法。表扬激励符合思政教育的目标，同时，它直接满足了人的精神需求，因而也符合人们的心理特点。高校思政教育者在实施表扬的时候，也要进行广泛的社会宣传，以在更大的范围内激发人们的热情，增强人们的责任感。

（4）目标激励。人的需要只有指向某种特定目标时，才能变成行为的动机；人的需要一旦转化为动机，就会形成一种促使自己发奋的内在力量。目标是影响人的行为的重要因素，因此，目标激励是思政激励教育法的形式之一。但是在思政教育过程中，引导人们设置目标时，要注意两个方面的问题：①合理性，目标要有一定的难度，但经过努力又是可以实现的；把个人目标与社会和国家的目标有机结合起来，一方面个人目标不能损害社会和国家的目标，另一方面个人目标也能够得以实现。②期望性，根据行为科学的"期望理论"[①]，人的需要是有目标的，但当目标还没有实现的时候，这种需要还只是一种期望，而期望本身就是调动人的积极性的力量。目标效值和期望概率越大，激励力量也就越大。由此可见，目标既不能过高，也不能过低，否则就会失去激励的作用。

此外，兴趣激励也是一种重要的激励方式。兴趣往往是推动人们求知的一

---

① 期望理论又称作"效价—手段—期望理论"，是管理心理学与行为科学的一种理论。这个理论可以公式表示为：激动力量 ＝ 期望值 × 效价，是由北美著名心理学家和行为科学家维克托·弗鲁姆（VictorH. Vroom）于1964年在《工作与激励》中提出来的激励理论。

种力量，人们对自己感兴趣的事物，总是力求认识它、研究它。在思政教育中，只要激发起受教育者的兴趣，就能收到事半功倍的效果。

2. 激励教育法的保障

（1）把握激励的时机。"时机"是时间和机会的有机组合，在人们的各项活动中起着关键作用。同样，思政教育中激励时间与机会的把握，对教育的效果起着至关重要的作用。比如，客观环境、学生的求助心理及其程度、学生的某种满足及其程度等方面的具体情况，都是教育者在高校思政教育激励中所要把握的时间与机会。

（2）注重激励的渗透性。激励的渗透性是指在思政教育中尽量扩大激励效果的范围。在高校思政教育的激励教育中，往往根据不同情况采取不同的方式。但是在采取这种方式的时候，不仅要考虑它的直观效果，还要把它的效果渗透到学生的学习、生活以及日常行为中，更要注重它的长期内化效果。

（3）注重激励的感染性。思政教育激励方式的感染性，包括两个方面：①在思政教育中，要利用感情的力量，寓理于情，使学生在不知不觉中乐于接受教育；②在思政教育中，通过对个人或群体的激励，使更多的人受到感染。在实际工作中，要把这两个方面有机结合起来，从而在整个社会内逐步使人们自然地、潜移默化地接受各种正确的思想观念和行为规范。

（二）理论教育法

1. 自我教育法

在向学生施教时，要努力给学生创造自我教育的条件，受教育的客体转为自我教育的主体，培养学生管理自己，教育自己的能力。要做到这一点，需从以下方面着手：

（1）培养学生正确认识世界的能力。让学生面对社会现实自觉地思考，并在教师引导下得到正确认识，从而明是非，辨真伪。

（2）培养学生自知、自理能力，让学生自己观察自己、认识自己、尊重自己、把握自己，并有意识地发扬自己的长处，克服自己的短处。为培养学生这方面的能力，有的教师在班级内办起班报，从编辑到总编，从组稿、约稿、刻写、校对到印刷均由学生自理，以此增强学生自治、自理的能力。

（3）引导学生读书，增强分辨能力。新时代的思政教育工作，与现代科学文化息息相通。学生有强烈的求知欲望，这就要求不断挖掘科学文化领域的教育因素，寓育于"文"，寓教育于"理"。引导学生在读书中增长知识、陶冶性情、加强修养，从而提高自我教育的能力。

2. 宣传教育法

宣传教育法是指运用大众传播媒介向学生传播正确理论和先进思想的方法，既有理论的阐述与辅导，也有典型的学习、运用示范。

专题讲座法是高校思政教育者就某个专门的思政问题作系统的讲述，从而使学生对这一问题产生系统的思想认识。专题讲座法可以系统地阐述某个政治道德问题，例如科学发展观专题报告、抗震救灾英模报告、学生文化素质专题讲座等。专题讲座的专题，大多是选择学生关心的思政热点问题，通过听专题报告或讲座，使学生获得对这一问题的系统正确的认识。专题讲座法是思政教育中经常运用的一种形式，一般分两个阶段进行，先是由讲座人就专题作系统讲授，然后留适当的时间与学生作双向的思想交流，当场回答学生提出的问题。

在电子媒介中，网络是最具现代特色的传播方式，它信息量大、及时，视野最为开阔，并且能够做到声、光、图、文并行，既能对人进行外部引导，又能促发人的内部引导。实际上，网络由于其独有的广泛性和虚拟性使得人们可以在网上的交流更加自由，为社会舆论提供了一个新的平台和环境，对于整个社会的走向和发展起着很重要的影响。因而，开展网络思政教育是十分必要的，将网络这个有利的平台有效利用起来，广泛开展宣传教育。

3. 系统灌输法

系统灌输法是采取讲解和报告等形式，系统地阐述思政问题或道德伦理问题，以提高学生的思想、政治、道德方面的认识水平和思想觉悟的方法。系统灌输法的主要作用在于，形成并发展受教育者思想品德结构的"知""情""意""行"中"知"这一方面，即形成和提高学生的道德认识。

系统灌输法有利于提高学生的道德认识，在运用系统灌输法的时候，首先要了解学生现有的认识水平和学生在道德认识方面存在的问题，根据具体情况，进行讲解和报告。如，有的学生受家长和社会的影响，又看到目前物价局部的上涨，产生了对目前改革形势的模糊认识。针对这种情况，教育者可以邀请改革政策制定部门的负责人或改革企业家谈谈改革的理论依据及改革过程的曲折性、艰难性等，提高学生的认识。

4. 陶冶情操法

学生喜欢鲜艳的色彩，悦耳的声音，芬芳的气味。随着年龄和知识的增长，希望开展既有思想性又有艺术性的文学、音乐、舞蹈、戏剧表演和绘画等艺术活动，以开阔视野、增长知识、活跃课余生活、陶冶情操。

美的环境是学生身心健康成长的重要条件。教师要引导学生创造舒适、美好的生活和学习环境。例如绿化、美化校园，使学校经常保持整洁、美观的面貌。教室桌椅排列整齐，门窗明亮，窗台上放些盆花，有利于学生健康成长。

学校应根据自己的特点建设具备特色的校园文化，使学校成为文明的乐园。例如：在走廊内陈列学生绘画和艺术作品，举办周末文艺晚会、艺术节、体育节，使校园充满歌声、笑声、欢乐声。

班风、校风是集体成员精神面貌的反映，既是集体培育的结果，又是影响集体的教育因素，优良的校风、班风是学生耳濡目染、潜移默化，逐渐养成良好的道德情操的必然条件。

美好的环境（包括自然和社会环境）不仅能使学生感到舒适、愉快，且能对学生的思想情操产生美好的影响。

5. 个别谈心法

个别谈心法也叫谈话法，是教育者采用交谈的方式，引导教育对象运用事实、经验和政治理论、道德原则，分析和解决思想问题和现实问题的方法。在个别交谈中进行的教育方法，不仅能够彼此沟通思想、交流感情、增强信赖，从而解除教育对象的思想顾虑，把思想脉搏搞清楚，而且易于集中教育对象的注意力，启发教育对象开展积极主动的思维活动和思想斗争，增强教育针对性，提升教育效果。

实施个别谈心法需要注意四个方面：①谈话要富有感情，善于同教育对象交朋友；②根据外界环境的状况和教育对象思想实际选择合适的谈心时机；③注意掌握谈心的合理程序，导入、转接、正题和结束，在不同阶段处理好相应任务，从而使谈心顺利有效地进行；④对于谈心中了解到的情况，如果是对方要求"保密"而又必须在一定组织范围内加以解决的问题，应严格组织纪律，不得任意扩大传播范围。

6. 立体教育法

立体教育就是把高校思政教育工作看成是一个纵横交错，立体交叉，多方位，网络型的系统工程。高校思政教育工作是靠政教部门、教师去做，这是平面结构的做法。为了让思政工作分层次、成网络地形成立体结构，要求做到以下方面：

（1）在校内，党支部和学校的领导、教处、团支部、先队组织、科任教师以及学校一切工作人员，都要做学生的思想工作。在工作中要注意要求一致，而且要互相协作。思政教育的效果势必明显。

（2）在校外，学校、家庭和社会对思政教育目标一致，才能将各方面的力量汇合成巨大的教育力量。其中，学校应起主导作用。教师应主动与学生家庭和社会加强联系，多做宣传工作，使各方面所进行的思政教育协调起来，相互配合，使学生受到来自多方面的良好熏陶。

（3）在各类组织内，充分发挥共青团组织、学生会、少先队的作用。应该放手让学生自己管理自己，使学生在管理中增长才干，提高思想道德素质。各级学生干部最好轮流担任，使每个人都有锻炼，提高的机会。学生相互之间最了解彼此的兴趣、特点和需要，而且也较为一致，因而思想工作也更易于开展。

（4）注意社会环境对学生的影响。随着社会信息大量涌入学生头脑，学生的辨别能力并没有同步增长，对社会上的某些消极因素，只要积极引导、适当教育，问题是不难解决的。

（三）实践教育法

人存在和发展的本质就在于实践，即认识世界和改造世界，所以，思想品德教育中的实践教育法的基本特点，从根本上体现了人存在和发展的本质。具体来说，其特点在于以下方面：

第一，改造客观世界与改造主观世界有机结合。实践教育法使受教育者把改造客观世界与改造主观世界有机结合起来。社会实践使受教育者以直接的形式参与社会的各类实践活动。一方面推动着社会的进步与发展，另一方面使受教育者在实践中得到锻炼，形成社会发展所需要的思想观念、政治观点和道德规范。

第二，普遍性与能动性有机结合。实践教育法把普遍性与能动性有机结合起来。一方面，在现实生活中，实践活动是最基本的活动，是人类生存和发展的前途，人作为实践的主体，在这之中必然得到锻炼，这体现了实践教育法的普遍性；另一方面，在实践活动中，人具有能动性，这种能动性在意识的指导下能够指导人们主动参与思政教育，提高认识的积极性和自觉性。

实践教育法的实质是人的个性思想品质社会化的过程。随着社会的发展，实践教育也在不断拓展其社会领域，不断扩展其实施范围，不断丰富其具体实施方式。当前，主要有以下方式：

1. 服务体验法

服务体验法也叫社会服务法，就是通过让受教育者运用自身具备的知识和技能等素质，尽全力为社会提供服务，以帮助人们解决在实际的生活、工作和学习上的问题，在向社会奉献自身力量的同时，获得社会对自身道德、责任的教育。服务体验法的具体方式是多种多样的。站在不同的角度划分一般会有不同的划分类型。按服务的方式划分有着眼于讲文明树新风开展的志愿服务活动，有着眼于扶危济困开展的志愿服务活动，有着眼于大型社会活动顺利进行开展的志愿服务等；按服务的内容划分有生产服务、生活服务、信息服务等；按服务的主体划分有党员志愿者、红十字志愿者、青年志愿者、社区志愿者等。

2. 社会考察法

社会考察法是思政教育常用的一种教育方法，与理论教育法不同，社会考察法是社会问题、社会现象的分析，帮助受教育者提高自己的思想认识。社会考察法要求受教育者要对将要分析的社会现象有一定的认识，在分析的过程中受教育者要提出自己的看法与疑问，从而使受教育者能够更加深刻地理解所分析的社会事件，提高人们的分辨能力。社会考察的范围非常广泛，可以通过各种形式来实现，比如参加爱国主义教育展览、长征精神教育展览、参观革命故地和名胜古迹等。让受教育者参加实践考察的目的是让他们通过自己的观察与分析得到最直观的认识，提高他们分析问题和解决问题的能力。

在现代思政教育中，在对教育者进行理论基础教育的同时，也要重视思政教育实践教育的作用，只有将两者进行有机的结合，双管齐下，才能更高效地提高受教育者的思政素质。在思政教育中实施社会考察法包括以下步骤：

（1）深入社会观察。要了解实际情况，就应当了解某一社会现象或问题的存在方式和状况，这要求受教育者一定要自己动手、动脑去接触社会，认识社会，虚心请教，以获得客观而丰富的第一手资料。这类考察方式一般适用于对国内国际的重大事件或社会重大问题的分析研究。

（2）参与社会体察。如果说社会观察是受教育者作为客观第三方，那么参与社会体察也就是受教育者完全参与到所考察的对象的活动之中去，作为考察对象中的一部分去亲身体验。亲身体验得来的经验材料较之观察得来的经验材料更深刻，当然也更富有感情色彩，这类考察方式一般适用于对某阶层的工作、生活状况的考察。

（3）联系社会调查。通过设计调查问卷，调查问题，确定调查对象，安排专门的时间进行问卷填写或采访的方式，获得第一手资料，这是目前最常采用的调查方式，适用于考察某一社会群体对某类问题的看法或观点、社会热点问题的考察等。

二、高校思政教育教学的创新方法

（一）典型教育法

典型教育法是指在高校思政教育中运用具有代表性的人物或事件对教育对象进行引导和教育的方法。从哲学的角度，典型是在一定的时期或一定范围具有相当程度影响的人物和事件，它能代表一类或一般事物的典型特征和本质、发展趋势或发展规律的个人或个案；典型示范教育就是通过典型教育使其吸收先进典型的有益成分，并对照自己的不足，吸取经验和教训，消除自己的不良思想和行为，提高自己的思政素质。典型教育法主要包括以下类型：

1. 正面典型教育法

正面典型是社会生活之中经常可以看到的典型，是能够体现或代表先进，具有示范和榜样作用的典型，又称先进典型、进步典型。运用正面典型教育法时应注意以下要点：

（1）善于发现和推广具有时代感和代表性的典型。先进典型常常产生于人们身边的日常工作、学习和生活之中，需要去发现和识别。典型的选择要具有广泛的群众基础：既要树立全国性的榜样，又要树立不同类型、不同层次、不同行业的榜样，更要善于发现和树立本地区、本行业、本单位的典型。

（2）注意对典型的培养和教育，以关心爱护的态度对待典型。

（3）注意对典型事迹的宣传实事求是以及典型的真实性和局限性。所以对典型的宣传、推广要实事求是，注意分寸、留有余地，决不能言过其实、任意拔高。

2. 反面典型教育法

反面典型就是落后的或反动的典型，利用反面教员和反面教材开展思政教育，就是通过揭露或批评其错误或反动的观点，给人以教训，使人引以为戒，或使人认清其反动实质，与此同时，宣传正确和进步的观点。利用反面教材、教员开展思政教育，目的是增强辨别和选择的能力。

运用反面典型教育法时应注意：①勇于面对反面教材和教员，并加以正确的判断和识别；②根据学生不同思想水平，选取适当的内容；③主动引导学生从根源和危害性上分析反面典型，进而帮助学生自觉抵制反面典型，接受正面典型。

（二）比较教育法

比较教育法是教育者通过对两种或多种不同事物的异同和特点进行分析、比较、鉴别，做出正确的判断和结论，从而提高学生思想认识水平的教育方法。

1. 比较教育法的形式

（1）纵向比较。纵向比较也就是从时间上把事物的过去和现在加以比较，通过帮助学生了解事物的变化和发展，加深学生对事物的了解和认识，从而帮助学生得出正确的结论。

（2）横向比较。横向比较就是在空间上把有一定联系的不同事物加以比较，帮助学生了解其异同，加深学生对不同事物本质的理解。

2. 比较教育法的操作

（1）坚持可比性原则。缺乏可比性的比较，其结论是站不住脚的。只有在同一条件、同一标准、同一比较分析单位下，才能把具有可比性的事物进行比较，才能区分真假，得出正确结论，发挥教育作用。

（2）坚持本质比较。比较，不仅要从现象上比较，而且要深入事物的内部进行本质比较。坚持本质比较，可以区分事物之间的本质区别，获得事物的真理性认识。

（3）坚持多项指标比较。多项指标比较，是指由两个以上、互相区别而不能互相替代的指标进行比较。多项指标比较，具有两个特点：①克服了片面性，具有全面性；②综合反映比较对象的整体概貌，具有综合性和整体性。通过多项指标比较，能使学生获得对考察对象的整体性的认识。运用多项指标比较，要注意指标的选择，也就是说所选定的各指标，既要互相独立，又要全面客观地反映事物，即具有客观性和科学性。

（4）借助多样化的比较形式。比较的形式应多种多样，不仅要借助于说理，而且可以采用数据、图表、图画、照片、视频、音频等各种直观形象的方式，增加比较的效果。

（三）冲突缓解法

人在社会中生存，不可能不发生冲突，如个体与环境的冲突，个体之间的分歧和误解。尤其学生是一个激情飞扬的群体，性格中也不同程度地存在着急躁、冲动的因素，容易被环境影响，情绪容易激动，与人相处时不可避免地会出现矛盾。同时，由于社会现象纷繁复杂，大学生关注热情高但辨析能力较弱，容易引起情绪上的激动和浮躁。还有学习中竞争压力加大，就业前景不是很乐观，导致情绪上的不平衡等。在思想教育中，冲突缓解法是迅速缓解矛盾，防止矛盾升级、局面恶化的重要方法，是稳定学校团结和谐的教育局面、保证学校正常良好教育秩序的必要条件。

三、高校思政教育教学方法的选择运用

（一）高校思政教育方法的选择依据

在开展思政教育过程中，选择合适的思政教育方法尤其重要，是有效实现教育目标的思路。在对教育对象进行认真的分析和探索的基础上，选择合适的教育方法，可以较好地实现思政教育的效果，从而有效地提升思政教育的针对性。

1. 依据思政教育的目标

目标任务的完成需要方法的妥当运用，方法是完成任务的工具和手段，受到目标任务的制约。在对学生进行思政教育过程中，教育目标和任务需要依靠一定的教育方法来实现，教育方法是为教育目标任务服务的。根据思政教育的目标任务来选择教育方法，才能够保证教育目标任务的实现。思政教育的目标与任务是在实施思政教育过程中所期望达到的结果，它是一个具有整体性的体系，具有多样性、层次性和系统性的特点。目标与任务是思政教育内容体系确立的出发点和归宿，而方法则是完成思政教育目标的手段，是依据思政教育目标的要求加以选择和设计的。如果离开了目标和任务这一主要依据，思政教育方法的选择也就没有了生命力。

2. 依据学生的具体特点

高校思政教育目标的实现要紧密结合教育对象的具体情况和不同特点，有针对性地选择教育方法。选择合适的教育方法，会直接影响思政教育活动的实施效果。如果高校思政教育方法在选择和设计过程中能充分考虑学生的现实特点，满足其实际需求，那么在教育实施过程中就易于被接受，容易产生效果。高校思政教育对象有个体和群体之分，不同年级、不同层次的学生群体所适应的思政教育方法各不相同，同一个学生群体中不同成长经历、不同家庭环境、不同个性特点的个体适应的教育方法也存在差异。在对学生进行思政教育过程中，还要考虑学生在思想观念和道德水平方面的不同。

3. 依据教育中的实际问题

实效性是学生选择思政教育方法所参考的依据。只有思政教育方法选择合

理，运用正确并具有较强的针对性，才能够避免思政教育主客体在实践活动中的盲目性，使其能够自觉地根据要求来完善自己的实际行动。学生面临的实际问题往往决定了如何具体实施思政教育。如果教育者能够深刻分析引发学生实际问题的原因，针对问题的性质、程度和影响因素进行具体分析，选择合理的教育方法，那么解决学生的实际问题，提高学生的思想认识就会变得相对容易。

（二）高校思政教育方法的运用要求

1．实效性

实效性是指思政教育方法在实践中的可操作性。只有在实践中可行的教育方法，才能产生良好的效果。坚持思政教育方法的实效性，要求思政教育者在实施教育的过程中，根据实际情况，既要运用已经被实践证明是正确的方法，也要勇于探索，创新方法。

2．针对性

在开展高校思政教育过程中，不同的教育方法应用到同一个教育对象所产生的效果是不一样的，不同的教育内容、教育目标、教育对象所需要采取的教育方法也是不一致的。在实施思政教育方法的过程中，要从实际出发，针对不同的教育目标、教育内容、教育对象选择有针对性的教育方法，做到有的放矢。针对性就要求思政教育者在教育活动中要充分把握教育目标和教育内容，掌握不同教育对象的特点，理解不同教育方法的使用范围和具体特点，保证教育方法切实符合要求，进而保证教育效果的实现。针对性的实质是教育方法的实施要遵循思政教育的客观规律，要坚持实事求是的原则。

3．创新性

我国当前正在进行的改革开放，是一场深刻的社会变革。变革带来社会环境的变化，人们的思想观念和思维方式也会随之发生巨大的变化。随着校园环境的不断改善，网络文化的普及，学生的思想观念和道德也出现了新的问题。思政教育面临的环境发生了深刻的变化，学生本身的思想状况也呈现出新的特点，在此基础上，思政教育方法也需要根据实际情况进行相应的改进与创新。思政教育方法的创新性，要求思政教育者在开展教育活动时，紧密联系学生的实际情况，依靠先进技术，探索新的解决思路和解决途径。思政教育方法在创新的同时，要继承中国传统文化的优秀传统，在继承中创新；又要善于借鉴国外先进的教育方法，开拓创新思路。同时，创新方法要充分依靠网络先进技术，适应信息时代的新要求。

4. 综合性

当前社会，学生的思想状况复杂多变，影响学生思想波动的因素也比较多，思政教育面临的情况也是错综复杂。解决学生面临的思想问题，只有将多种教育方法综合运用，才能保证教育目标的实现。综合性就是指思政教育实施者在进行思政教育的过程中，综合分析学生面临的实际问题，结合学生的具体特点，综合分析学生思想问题的原因，充分掌握教育环境的特点，选择多种教育方法，并形成最佳组合，发挥多种教育方法的整体作用。综合性应用思政教育方法，就是不同的教育方法在思政教育过程中发挥各自作用，协调一致，最终产生综合效果。不同教育方法具有各自的特点，学生面临的具体问题也不尽相同。思政教育者要根据具体的任务、对象和条件来选择具体的方式。

第二节　高校思政教育精细化与个性化的融合

一、高校思政教育的精细化发展

"伴随高质量发展的要求和中国社会的转型需求，精细化教育业已成为对思想政治教育规律的必然认识、激发大学生创造力的必然手段和回应国家对人才渴望的必然要求。"[①]精细化管理就是落实管理责任，将管理责任具体化、明确化，它要求每一个管理者都要到位、尽职。精细化，包含两个方面：一方面，精，指精确、精准、精致；另一方面，细，指细分、细化、具体。精细化是一种专业提升、精益求精、追求卓越的理念和态度。而在高等教育内涵建设时代，

---

① 李祥，吴大惠.高校思想政治教育精细化发展探微 [J].重庆电子工程职业学院学报，2021，30（06）：71.

在大力推进思政教育质量提升的今天，借鉴管理学的理论和方法，推动思政教育工作的精细化，也是题中应有之义。

（一）坚持问题导向

在专业化细分的基础上，要坚持问题导向，鼓励针对相关领域的实际问题加大调研分析力度，加强理论研讨与实践，并提出合理有效的解决办法。将学生纷繁复杂的问题进行合理的分类，深究其原因，掌握同类问题的规律性，形成一套解决同类问题的基本方法，总结提升并运用这些方法指导思政教育的开展。

1. 学生需求为核心

"以问题为导向"强调的是一种"以学生需求为核心"的理念，实际上是对"以人为本"思想的实践。思政教育工作者要善于发现学生的"问题"，这个"问题"往往就是学生由于某方面因素而导致的外在的表象，比如学习成绩差、人际关系紧张、性格孤僻等，而导致出现这样问题的原因往往就是学生的某些"需求"没能很好满足。思政教育工作者可以根据"需求层次理论"，对学生的需求满足状况进行分析，查找原因，找出学生存在问题的根源，只有这样，才可能将工作做细；只有这样，才能找准学生问题的症结所在；只有这样，才能真正提高思政教育的针对性和有效性。而这样的工作思路和路径，正是促使思政教育符合教育本身规律、实现科学化提升的基础条件。

2. 研究共性问题

坚持问题导向是以学生问题为指引，分析其产生原因，并提出合理有效的解决办法。学生个体多元化的特征，决定了学生存在问题的多样性和复杂性，但学生作为一个群体，意味着这些问题必然具有共性特征，可以进行分类和整理。在工作对象细分的基础上，挖掘学生群体里的共性问题。如新生归属感的问题、毕业生就业困难群体的问题、农村学生问题、贫困学生问题、少数民族学生问题等；在工作领域细分的基础上，挖掘细分领域里的共性问题。如社会实践育人的有效途径、突发事件的正确处理、赴外交流学生的管理等；还根据问题发生的时间特点，划分为常规性问题和突发性问题等。通过对典型案例的剖析，从实际出发，以社会生活焦点、思想观念疑点、大众舆论重点作为切入点，以问题为导向,在事务性的具体工作实践中探寻规律性,将发现问题、研究问题、解决问题作为思政教育的逻辑起点及落脚点。

3.固化工作机制

高校思政教育者要注重理论和实践相结合,不仅用理论指导实践,还应该从实践中总结提炼理论。在对问题进行分类整理后,要对问题进行深入研究。认真仔细分析问题产生的原因、问题涉及的对象特征等,有针对性地提出解决问题的方法。但解决具体问题并不是最终目的,而是应该总结掌握同类问题的规律性,科学地归纳出解决这类问题的基本方法,并进一步提升建立相应的工作机制。精细化意味着科学化、程序化、规范化,固化工作机制,通过完备的规章制度的导航和规范,用规章制度确保规范化和法治化的实现。

4.开展深度辅导

"深度辅导"在思政教育中也可以借鉴心理学深度辅导的做法,以问题为导向的精细化理念,建立思政教育深度开展的工作模式。把这些技术化、个性化的人才培养规律转化为现实性的可操作的实践体系,必须要有终结性的因素发挥支撑、保障作用。当前,一些高校探索出"教师工作室""学生工作坊"等工作模式,提倡从"单枪匹马"到"团队合作"的转变,旨在强化问题导向,以"兵团作战"的方式为工作对象提供全方位的辅导和支撑,把教育引导工作做细、做深,做到极致,从而可以更加准确地把握思政教育中面临的课题的症结,理清脉络、对症下药,追求优质化成果,并在实践经验的基础上不断推进理论研讨,逐渐形成一套较为完善的操作规程和辅导理论,不断提升专业理论水平与实践能力,培养相关领域的专家。

（二）实施专业化细分

思政教育的专业化细分,是指对思政教育的工作目标、工作内容、工作对象、工作载体、工作方法等的分门别类,根据不同情况,采取各有针对性的举措,从而使思政教育对目标、内容、对象、载体和方法等有更深入了解,能更熟练、更专业、更有针对性地开展工作。高校思政教育目标宏观上是"培养社会主义合格的建设者和可靠的接班人",中观上是培养具有高校特色的"高素质人才",而在微观上,就教师工作来说,则需要一项一项工作地推进,将宏观和中观目标进行分解。

1. 工作对象的细分

在服务学生全面成长的过程中，也要针对不同学生群体、学生的不同需求和不同发展阶段对服务对象进行细分，分类指导，因材施教。按照特殊需要和特殊行为可以分为"特殊"群体和普通群体，"特殊"群体如经济困难群体、学习困难群体、就业困难群体、心理弱势群体、网络依赖群体等。不同社会经济背景、不同成长环境和成长经历的学生在思想、心理、行为等方面也会有不同的需求和特点，从而使学生呈现出不同的特质，包括志趣、爱好、心理状态、个性特征、气质等。这里所讲的"特殊"学生，并非对学生的另眼相看，不带有任何价值判断和意识形态，而只是对工作对象基于工作内容和要求不同而采取的一种归类方法。所以，在实践工作中，要注意保密，保护学生个人隐私；思政教育工作也要避免公开使用"特殊学生"这样的字眼，否则就可能引起其他人对这部分学生的歧视和偏见。

针对不同年级、不同学生群体、不同特质个体，在具体工作中的目标是不一样的。比如对于学习比较好的学生，可以进一步拓展其知识面；对于学业困难的学生，教师的工作重点则是帮助其树立信心、找到适合他的学习方法，帮助其顺利完成学业，这个时候"追求全面发展"可能成为退而求其次的目标。

在工作领域细分的基础上，要进一步结合工作对象的细分，坚持"做精、做细、做实"。如学生职业发展与教育，不仅可以对不同年级的学生进行细分，开展阶段性职业教育，还可以对不同就业取向、不同就业能力、不同就业困难等进行细分队形，进而开展有针对性的辅导。

2. 工作领域的细分

随着高校规模的不断扩大，思政教育的内涵也日益丰富，使思政教育者的工作量不断增加、工作难度也相应增加。思政教育内容，从横向上看，涵盖了学生党建、奖惩助贷、心理健康、就业指导、团学建设、科技创新、志愿服务、社会实践等多个条块；从纵向上看，分为精神空间、网络空间和网下空间。

精神空间中，教师要关注学生的思想状态和心理状态，促进学生树立社会主义核心价值观念、养成健全人格；促进学生拥有健康心理，对于有心理隐患和心理问题的学生及时提供帮助。

对于网络空间，教师要做好学生上网习惯引导，学会正确使用网络，养成网络文明，防止学生陷入网瘾；关注学生"网络生存"状态，了解网络舆情，做好网络监管等。

在网下空间，指平时所说的各类思政教育活动、科技创新教育活动、校园文化活动等。无论哪一个维度的思政教育工作，都应当按照条块进一步专业化细分。要引导和激励教师队伍专业化发展，鼓励教师结合自己的专业学科背景和兴趣爱好，结合工作分工和岗位职责要求，在学生工作某一个板块里"术业专攻"。

（三）多学科协同育人

所谓协同，指的是系统中各个部分协同工作，协同效应则指复杂系统内各子系统的协同行为产生出的超越自身单独作用而形成的整个系统的聚合作用。随着时代的发展，学生的需求越来越多样、丰富和个性化，学生工作的内容越来越丰富，涉及的领域越来越广，思政工作日益发展成为多维度、多类型、多层次的有机整体，在解决具体问题时需践行协同育人，要加强多学科支持、多领域知识运用、多资源整合，注重新方法新技术的运用，将多学科知识、方法、平台、资源予以整合优化。

1. 多学科支持

（1）思政教育应该遵循科学性，结合教育学、心理学、社会学、管理学等相关学科的科学规律，来分析了解学生成长的规律、学生教育的规律以及思政工作的规律。

（2）随着时代的变迁和学生群体特征的变化，学生思政工作的复杂性和综合性不断增加。而对一个复杂问题，单纯依靠思政教育本身往往无法解决，要善于吸收和借鉴管理学、社会学、法学等领域的研究和工作方法，甚至需要社会上专业力量的介入，共同研究解决方案。

2. 多资源整合

育人工作是一项系统工程，仅依靠单方力量无法实现，更需要高校各方面的共同努力，以及家庭、社会各方资源。当前很多高校都在积极采取措施，努力推动"全员育人"机制的构建，构筑起包括高校党政管理干部、共青团干部、思政理论课教师、专业课教师、朋辈等主体共同参与的全员育人格局。每个主体在学生的思政教育方面都有自身独特的优势，如第一课堂的专业课教师可以将德育教育的目的和主题隐含于专业教学中，由说教转变为渗透，实现润物无声。应该围绕人才培养的核心，充分利用各主体的优势，整合各部门的资源。除了校内资源，校外资源包括家庭、企业、毕业的校友以及社会知名人士、学者等都应该统筹到全员育人的框架里，让各方力量成为思政教育的主体，发挥其主观能动性，为学生搭建起和谐的育人环境、校园环境、家庭环境、社区环境、同辈环境等，发挥这些环境的积极作用，为教育工作所用。

3. 跨学科应用

如果说"多学科支持"强调教师"一专多能"的话，那么"跨学科应用"就是强调"团队作战"。借鉴管理学上的"项目管理"理论，在思政教育工作中，也可以以任务、项目为导向，组织工作团队，比如近年来很多地方教育主管部门和高校正在努力探索实施的"教师工作室""教师小组""教师梯队"等，就是将不同学科背景、不同工作领域、不同工作经历、不同年龄段的教师组合在一起，实现优势互补，从而形成一个跨学科的工作团队。比如在学生危机事件中，既需要心理教师，也需要危机公关专业人士，可能还需要法律顾问、网络监管人员等，如果能将具备这些专业能力的教师聚集到一起，这样的团队必将极大提升工作执行力。

4. 新技术支撑

思政教育的精细化，必须强调科学技术和教育手段的支撑。在技术上，要善于利用新技术和信息手段，使思政教育者能够更加全面、深入地把握具体情况，了解学生思想动态，提高思政教育的科学性、针对性和时效性。重视信息手段和科学方法的运用，可以为思政教育提供新的思路和手段。顺应信息化趋势，依托信息科技和新技术，移动终端、电脑以及新媒体等，主动占领新媒体阵地，发挥新技术对思政教育的促进作用。

一些高校逐步开发新型移动智能终端平台，整合校园各活动组织方发布信息、管理活动，便于学生获取信息、管理生活和学习。慕课也是目前流行的网络课程，思政教育也可以结合慕课、TED 或者"微课"的形式，开展灵活新颖的授课或活动。在信息化和大数据时代，收集整理日常数据，利用专业工具进行数据分析，获得数据背后的信息。利用好大数据分析的方法，能够从大量烦琐的日常工作中，获取更多的信息，进而促进工作的科学性。

二、高校思政教育的个性化发展

个性化，就是根据人们个体差异，在大众化的基础上根据个体特质的需要，形成独具一格、别开生面的状态。思政教育的个性化，指在对被教育对象进行综合调查、研究、分析、测试、考核和诊断基础上，根据社会或未来发展趋势，根据被教育对象的性格、兴趣、爱好、现状、预期等潜质特征和自我期望，量身定制教育目标、教育计划和辅导方案，从而促进思政教育为被教育对象更好接受、认同和转化为行动。

当代学生思维活跃，他们行为的独立性、选择性、多变性、差异性也明显增强，以网络语言为例，现在"原创""转载"等张扬个性、表现风格的词一直比较流行。教育者要充分认识到这种变化，尊重他们的多样性。由于受到家庭氛围和社会因素等的影响，每个学生的成长轨迹都不尽相同，性格特征、兴趣爱好、行为习惯、价值取向和人生规划等也千差万别。他们都有自己的想法，也有表达自身想法、张扬自身个性的权利。在高校思政教育中，个性化强调具体问题具体分析，而不应该按照一个模式、一种方法来开展工作，强调了解当前学生自身发展的新期待、新需求，承认学生的个体差异，尊重学生的个体需求，发掘学生的个性潜能，注重学生的个性弘扬，开展分类指导，提高思政教育的实效。

（一）弘扬个性特征

现代社会造就了一批具有较强主观意志、独立意识的年轻人。在学生中更是存在着强调个性自由、强调自我独立的群体，他们的思想更加复杂、价值观更加多元、个性更加张扬。在高校思政教育过程中，既要加强学生的全面发展，又要尊重学生合理的个人追求和个性发展，重视他们在学习与生活、物质与精神、情感与理智等方面多元化、多层次的需求，重视学生的个性特点，促进学生的个性发展，最大限度地开发学生的发展潜能。

鉴于目前社会对人才多元化的需求，更应关注学生个体的差异以及个性发展的不同需求，关注学生多方面的发展，尤其是社会责任感、创新精神和实践能力的发展。充分尊重学生的自我，激发学生主动参与，鼓励学生主动探索，积极创造条件，为他们的兴趣、爱好和特长提供充满选择和发展空间的学习和教育环境，允许学生适当的个性张扬和"奇思妙想"，使他们获得良好的个人心理体验和感受成功的契机和载体，促进学生个性发展和个人梦想实现。

（二）尊重主体精神

教育，包括思政教育，归根到底是一种人的参与的活动，参与其中的人就是主体。强调高校思政教育的个性化发展，强调和凸显参与其中的主体的主体性，也叫主体精神。

人可以有意识、有目的地支配自然和驾驭万物来满足人类社会物质的、精神和发展的需求，所以说人是主体。因为人能从事体力与脑力劳动等各种社会活动，所以人能支配客体。"主体"是实践活动中的范畴，是实践活动的直接参与者，是实践活动中的人。在思政教育活动中，最主要的主体有学校、教师、学生、家长、社会等，而其中发生相互作用最多的无疑是教师和学生这两个主体，在日常思政教育活动中，"教师"群体中最直接也最主要的是辅导员，所以，强调高校思政教育活动的主体性，就是强调要发挥学生和辅导员的主体性。

高校思政教育中，强调主体精神，就是强调教师和学生都要积极发挥主观能动性，意识到自我的主体参与，积极创造条件完成思政教育这一实践活动。传统的强调"主体精神"往往单指尊重学生的主体精神，而不是说教师即教师的主体精神，似乎教师天然就是主体，自然而然就会发挥主体作用，在当前思政教育日趋繁重、日益多样化和专业化、精细化的情况下，不仅要强调学生的主体精神，也要强调教师的主体精神。

1. 学生的主体精神

尊重和发挥学生的主体精神，就是要调动起学生作为思政教育活动主体或者说主人翁的意识，不仅作为受教育者，而且作为教育实施者；不是被动接受教育、完成任务，而是主动策划任务、实施任务、保障任务完成；不是单纯的、简单地参与教育过程，而是积极、能动、创造性地参与教育过程，促进教育过程的顺利开展、有效开展和有特色开展。为此，要注重发挥学生的主人翁性、积极性和创造性。

（1）主人翁性。人们主体意识的每一次觉醒和进化都反过来推动社会的发展，促进人类的进步。教育是主体性生成和发展的重要机制，但是教育必须以个体主体性的发展水平和特点为依据，遵循个体主体性发展的规律，才能更好地促进个体主体性的发展。高校思政教育要入脑入心，本身就不仅是一种知识和信息的交流，而更重要的是情感和思想意识的交流，所以，思政教育中调动学生的主体意识，调动起主人翁精神，就是要将学生调动起来，以平等的姿态，将教育者和被教育者，将信息发出者与接受者置于同一平台，进行信息交换和情感交流，以此实现教师对学生的影响，同时实现学生之间的相互影响。在高校思政教育中，强调学生的主人翁精神主要体现在：①进一步唤起学生的主体意识，发挥"朋辈教育"功能，通过形式多样的载体，将学生群体中那些"正能量"传播出去，更好地影响周边的学生；②引导学生以主动配合、合作、共享的姿态，接受学校和教师的教育，而不是消极接受甚至抵触。

教育学上的"朋辈教育"，指具有相同背景或是由于某种原因使具有共同语言的人在一起分享信息、观念或行为技能，以现实教育目标的教育方法。而在思政教育工作实践中，朋辈教育指由学生自己来充当施教者，用自己的言语、故事、事迹、行动来传播"正能量"，发挥示范作用，来带动身边的其他学生一起进步。

教育活动是一个合作互动的过程，如果受教育者消极抵抗，那么教育效果将大大受到影响，甚至教育活动本身也不能顺利进行。在价值观越来越多元化的今天，高校思政教育工作效果受到多种因素影响，往往有被消解的风险。所以，调动学生的主人翁精神，让学生以"主人"的心态来看待思政教育工作，这样才能达到事半功倍和"入脑入心"的效果。

（2）积极性。基于大学生的心理特征和代际差异，在实践中，部分学生对于高校思政教育工作往往存在消极应付心理，认为思政教育活动可有可无。因此，调动学生参与高校思政教育工作的积极性，目的就是要改变这些学生对于思政教育活动的抵触情绪和厌倦心态。这一方面需要不断提高思政教育活动本身的吸引力；同时，还要通过其他手段调动这些学生的积极性。调动积极性可以重点从以下方面入手：

第一，重要性引导，即要进一步凸显思政教育活动的重要意义。这种重要性不仅指基于教育工作本身的价值，更要强调其对于大学生的实用性，即要凸显这些教育活动对于学生本身是需要的、是有现实意义的，这就需要在教育活动实施过程中，要更多地寻求教育素材与学生成长成才需求和学生心理特点、学生群体兴趣点等的契合度。

第二，丰富和创新工作载体，即要通过适当的载体来激发学生的积极性，来维护这种积极性。比如，学生社团这种组织形式，就是一种载体，通过让学生自由组合的方式，可以比较长时间地激发和维持学生的积极性。再比如，适当的奖励和表彰也是一种增强积极性的手段。

第三，成就感维持。人们主体性的重要体现就是人们在实践过程中能获得存在感、成就感、幸福感，体验到作为主体存在的价值。所以，要长时间维持学生对于思政教育活动的积极性，应当使学生在参与思政教育活动的过程中能找到其价值，能获得成就感和存在感。所以，一些共享、分享、诉说、展览、展示型活动，就是体现成就感的有效形式，类似的活动可以多开展一些。

（3）创造性。教育活动中学生主体意识的另一个重要表现是创造性，即学生不仅参与教育的过程，而且还有创新，对于教育活动有所贡献。这不仅实现了对于学生积极性的激发，也促进实现了成就感，同时还使教育活动本身具有了创新性和特色性。在信息化、网络化时代的今天，许多传统的思政教育活动通过网络和新媒体平台进行开展。教师不可能掌握全部信息化手段，而调动学生参与制作新媒体、网络育人平台等，就不仅使学生本身受到了教育、体现了价值、获得了锻炼，而且使思政工作也实现了创新。

此外，在教育活动选题、策划、实施过程的组织、管理、宣传、总结、表现形式等方面，也可以积极发挥学生的创造能力，从而促进思政教育工作主题鲜明、形式新颖、生动活泼，受到欢迎、起到实效。

2. 教师的主体精神

教师是思政教育工作的主要实施者，其工作内容繁杂，工作对象价值观多元、性格多样，工作成效评价方式很难量化和具象化，这样的工作性质决定了教师工作是一个主观性、社会性、属人性很强的工作。因此，教师工作具有个性化的特点，对于同一个工作，不同的教师，其工作理念、工作思路、工作载体、工作方法和工作成效都可能不一样。因此，尊重和发挥教师的主体意识，强调其主体精神就具有重要的现实意义。

尊重和发挥教师的主体精神，就是思政教育工作的现实需要。长期以来，在思政教育工作实践中，始终是强调教师个性化开展思政教育活动的，而当前强调尊重和发挥教师的主体精神，要强调以下三点：

（1）允许和鼓励教师创新工作。思政教育工作有很强的政治性和政策性，要求教师应当严格贯彻党的教育方针，认真落实各项教育政策，积极地将思政教育的要求落到实处，切实促进学生树立社会主义核心价值观。因此，从这一点上讲，教师工作是不能随意"发挥"的，无论教育内容还是活动主旨都应当紧扣思政教育的要求，教师可以创新、创造的空间主要在于教育的方法、形式、载体、手段、平台等方面。

教师不仅可以创新，而且应当不断创新，将思政教育工作常做常新。在实践中，要允许和鼓励教师按照党和国家要求，按照学校要求，围绕育人目标，在思政教育活动的策划、组织、过程控制，思政教育的具体内容、平台、载体等方面进行专门的设计，体现出新意，增强吸引力和感染力，增加教育活动的生动性和互动性，从而增强育人效果。

（2）积极鼓励教师专业化发展。发挥教师的主体精神，要着重调动教师对于业务的钻研精神、精益求精的精神，要促使教师按照专业化道路不断提升自己的专业化水平。思政教育工作内容越来越丰富、分工越来越细、专业化程度要求越来越高，单个教师很难在所有工作板块都成为特别专业的专家。因此，应当鼓励教师在思政教育工作某一个或少数几个领域和板块中成为专业人才，成为专家型教师。这个过程是一个长期的学习和实践的过程，因此，必须强调教师发挥主动性、积极性，发挥主人翁意识，将工作压力转化为自我学习提升的动力。

（3）为教师个性化工作提供保障。鼓励教师在思政教育中创新创造，建立必要的保障机制，除了资金和物资保障外，更应营造鼓励教师创新的氛围和制度设计。通过评选表彰的形式，激励教师积极开展工作创新，这样就形成了很好的鼓励教师个性化开展工作的氛围可以促进学生工作不断涌现一些新的亮点和特色，也有利于促进思政教育工作成效的提升。

（三）尊重个体差异

尊重个性化，是"人本主义"的直接体现。人本主义教育思想的核心理念有两点：①人是不可分割的整体，想了解人、研究人必须从整个人着眼；②每个人都有自己的需求与愿望，有它自己的痛苦与快乐。尊重学生的个体差异，是实现思政教育个性化开展的重要前提。

1. 知人善育，正视个体差异

尊重人必须以知晓、了解、接触人为基础，所以，尊重学生要正视学生，要面对学生这个"客观存在"。学生的个性化是建立在共性与个性并存的基础上。现在在校的大学生适逢经济全球化迅猛推进、社会环境巨变的时期，他们接触新事物多、信息面广，思想活跃、思维敏捷，观念新颖、兴趣广泛，主体意识、独立意识、参与意识和担当意识强，服从意识减弱，单向的灌输阻力增大，这是当代学生共同的特点。同时，学生的家庭背景、生源地、成长环境、心理素质等方面有着很大差异，按照学生呈现的特点以及学生全面成长的过程中的不同阶段，大致可以分为不同类型的群体，群体间差异较大。

此外，在群体共性的基础上，又因为学生个体的成长经历、个人秉性、兴趣爱好、自身素质等方面各不相同，群体内部的学生个体差异性也很大。他们的人生目标千差万别，接受能力有强有弱，价值取向更加多元化。因此，这就需要教师能够尊重每位学生的个性，并能够有针对性地开展一对一的工作，要因材施教，引导学生成长成才，并保持其独特鲜明的个性特征。

正视学生个体差异，要求思政教育工作者必须正确对待学生身上存在的缺点与不足。思政教育工作者要有包容之心，能否一视同仁地对待每一个学生，已成为考验思政教育工作者的一个重要课题。正视学生个体差异，还要求思政教育工作者能够想方设法帮助学生，指出其不足、提供改进建议、帮助其改正。正视学生的个体差异，还要求思政教育工作者能帮助学生积极弘扬其优点与长处，无论是良好的个性特征，如开朗、活泼、勇敢、有创造力等，还是一定的素质特长，如艺术天分、文体特长、科研能力等，扬长避短，促进学生进一步拓展其优势，促进学生更好地成长。

2．因材施教，体现层次差别

个性化的工作方法强调尊重教育对象即学生的主体地位，结合学生的实际情况和个体差异，尊重学生的个人秉性、专业背景、认知水平、学习能力、自身素质等方面的个体差异。学生工作要从实际出发，要根据工作对象、背景条件、环境特点、教育目的等实际情况，从对象的不同个性和成长规律出发，因人、因时、因地制宜，实施不同的教育内容，采取不同的教育方法，具体问题具体分析，把工作做到每个人的心坎上。

在目标设计等方面体现层次差别。因人而异，因材施教。由于个性的差异，每位学生想要的人生目标各不相同，有的想在专业领域做出一番成就，有的想锻炼自己全面发展从而更好适应社会，有的就想出国深造体会不一样的文化。也正是由于个性的差异，思政教育开展的过程中，教育者对每名学生的目标设计也应该体现出层次差别。如喜爱钻研、动手能力强的同学，可以鼓励在科技创新方面有所建树；学习成绩优异，热爱科研的同学，可以鼓励到国内外知名学府学习，在专业领域实现自己的理想；学习成绩一般，但人际关系特别好的同学，可以在领导组织、协调和领导能力方面多加锻炼。

第三节　高校思政教育的人文关怀与科学管理

"人文关怀"，在强调人的价值、人的尊严和人格完整以外，又增添了新的时代内容。特别是把人文关怀和党的思政工作联系起来，延伸到正确妥善和谐地处理人际关系，这就使人文关怀的内涵得到了扩展，也更易于落到实处。

思政教育"以人为本"的人文关怀，是人本论在思政教育实践中创造性应用的产物，它强调教育者与被教育者的平等性、亲近性、贴近性和柔和性，强调尊重学生独立的人格和自由的精神，着眼学生的全面发展，凸显学生的主体地位，从人文关怀、柔性管理和隐性教育三方面入手，在潜移默化中达到较好的教育效果。

一、高校思政教育的人文关怀

"人文关怀就是要教育者增强对于学生的关怀，真正关心学生，尊重学生，科学引导学生在成长发展过程中思想构建。"①人文关怀，主要体现在以人为本，关注学生的发展和需要。"人"是思政教育的出发点与归宿。推动思政教育走向人文关怀，要承认并尊重学生是具有独立人格的人、完整的人、能动的人、创造性的人。把思政教育作为一种关怀学生，为学生服务的工作，在工作中既要坚持教育人、引导人、鼓舞人、鞭策人，更要做到尊重人、理解人、关心人、帮助人。关心学生内心的感受，倾听学生的呼声，了解学生的情绪，关心学生的疾苦、关注细节、关注需求，善于把握学生思想变化、心理波动、学业困难、生活现状等，将思政教育做细、做活，弘扬学生的主体性，促进学生全面发展。

（一）尊重学生独立人格

思政工作说到底是做人的工作，需要"情"和"理"并用，以真挚的感情启迪人，情理交融，循循善诱，坚持以人为本。关注"现实的人"是人文关怀思想的出发点。充分认识学生这个完整的生命体，看到学生是有思想、有情感的活生生的人。只有立足于人，从现实的人出发，从人的现实需要出发，并最终回归于人，回归于人的发展上来，才能真正提升思政教育的实效性。

尊重学生，要避免居高临下，以师长的姿态来教育学生，以刺激性词汇来管教学生。要避免对学生进行分级分层，避免标签化管理，要善于发现每个学生的闪光点，客观公正看待每名同学。保护学生尊严，对家庭经济困难、学习

---

① 范远玲.大学生思想政治教育人文关怀体系构建与实现路径[J].黑河学院学报，2022，13（06）：20.

困难、后进生等特殊群体的学生要注意隐私的保护，帮助他们克服欠缺的方面，不断完善自我。

（二）凸显学生的主体性

思政教育必须尊重学生的主体地位，激发他们的主体意识，相信学生是具有积极的能动性和创造性的，是具有潜在发展性和现实生成性的特定人格的人。凸显学生的主体地位，让学生在学校的育人、管理、服务等方面都积极参与，主动加入思政教育各环节，发挥主体作用。

学生有权参与学校管理的全过程，并做出对自己有利的选择，避免只注重对学生行为的规范和学校教育秩序的稳定。要充分利用好学生朋辈的教育资源，依托学生群体内部资源实现自我感知和引领。同时，发挥学生社团、学生组织以及"学生自组织"是基于学生按照行政划分、志愿兴趣、共同任务等结成的组织形式，是凝聚学生、动员学生的重要方式，具有群众性、生动性等优势，在学生学习生活中发挥着越来越显著的作用。通过学生社团与学生组织，可以进一步丰富思政教育的载体，贴近学生的生活需求、能力需求、素质需求、情感需求，提升影响力与覆盖面，增强渗透力和吸引力；可以依托学校丰富的资源，发挥学生在学生社团与学生组织中的主动性和创造性。因此，必须进一步抓好学生社团与学生组织建设。

（三）满足学生成长需求

在科学发展观指导下，我国学生工作提出要以学生为本，更加注重学生多样化的需求。尊重学生的兴趣，满足学生的需求，学生工作应该从重管理转型到重服务，从规范学生转型到为了学生。

高校学生日常工作量多面广，学生基数大，导致教师经常需要处理大量烦琐的日常工作，在实际组织管理中容易出现严格按照制度开展工作，忽略了人的情感因素，以灌输式、教导式的形式达到思政教育的目的，忽略了学生的需求。学生工作必须尊重、正视和研究学生需求，并要把握学生个体、学生群体的不同需求，才能从根本上提高教师工作实效性。

思政工作应该从学生需要什么、喜欢什么的角度出发，倾听学生的呼声，关注细节、关注需求。善于把握学生思想变化、心理波动、学业困难、生活现状等，主动挖掘学生的需求，特别是不主动表达的学生群体。识别、发现学生的潜在需求与偏好，把握需求与偏好的动态过程，不仅需要大量的信息，更需要敏锐的洞察力，需要智慧与灵感。在学生特点的需求瞬息万变的时代，只有通过发挥各个方面的力量，才能造就一个灵活、智能的思政教育体系，才能不断解决面临的新问题。

二、高校思政教育的隐性教育

所谓"隐性教育"，指教育者为了实现其教育目的而实施的不为受教育者明确感知的使受教育者能在不知不觉中受到教育的一种思政教育的类型。强调教育过程通过合理设计和恰当载体增强教育目标和内容的隐蔽性、增加教育过程的愉悦性、增大教育途径的开放性、延长教育节奏的渐进性、发挥教育接受的自主性，以生动活泼、喜闻乐见的形式，寓教育目的于学生日常的学习生活以及活动过程，实行隐性教育和显性教育有机结合，以"潜移默化""润物细无声"的方式对学生的思想、观念、价值、道德、态度、情感等产生影响，使他们在不知不觉中受到熏陶。

从思政教育方法上看，隐性教育是相对于显性教育而存在的，其特征表现在四个方面：①教育境界上追求的是"潜移默化"和"润物细无声"；②教育目的具有潜隐性；③教育功能具有浸润性；④教育内容具有渗透性间。隐性思政教育的目的和内容并不像显性教育那样直接和外显，并非思政教育第一课堂上以授课的形式给学生灌输道理，也并非通过思政教师直接向学生传授教育内容，而是将教育的目的和意向隐藏到学生的学习、生活和各种活动之中，隐藏到学生生活学习的环境中，以含而不露的方式，引导学生自然融入学校创设的教育情境中，使其在不知不觉中接受熏陶和影响。隐性思政教育是一种潜隐的、间接的、渗透式的教育。

（一）提供校园文化环境

校园文化环境是开展学生隐性思政教育的主要空间和载体，包括校园物质环境和校园精神文化环境。

校园物质环境是由校园建筑、道路、植物、文化设施、内涵育人信息的人文景观等构成的空间场所，校园悠久的历史沉淀在校园物质环境中都有不同程度的体现。如学校建筑，本身承担着教育功能，结构设计、建筑外形、功能变化、名称等都可能有背后的故事，同时在悠长岁月里发生在其中人物、事件等都有可能成为教育学生、启发学生的资源。构建充满真情实感、人文关怀的校园环境，其所内隐的文化、信息和历史等都在以无声的方式影响着学生的思想。学生生活学习在校园里，对校园环境总有着自己的解读和理解，从而内化为对学校精神文化的认同。更进一步，校园物质环境中所体现出来的精神，可以被转化为学生个体的精神，从而起到以境化人的隐性教育的作用。

校园精神文化环境是指高校的精神、高校的文化传承与创新。一所高校的精神文化，指引着身处其中的人们的思想观念、价值追求和行为方式等，这是一种潜在的、无形的却又无处不在的教育因素。高校精神可能就包含学术精神、人文精神、科研精神、批判精神、爱国主义精神等，不仅可以引领校园文化的主流，还可以激发学生的理性，提升学生的思想境界，完善学生的人格品质。如搭建校史校情的课程体系，通过正规的第一课堂、"形势与政策"课堂、报告会、参观展览等多种方式，让学生了解学校的过去和未来，在润物细无声中影响学生的认知，给学生深刻久远的启示。

这种教育的力量能绕开意识的障碍使学生在不知不觉中接受影响，它虽然在某时某刻不一定让学生直接地完整地捕捉到，但它确实是无时不有、无处不在，使学生一置身于这样的文化氛围中，就受到一种无形的精神感染、吸引和改造，起着滴水穿石、聚沙成塔的积累式的教育作用。

（二）渗透思政教育方式

学校培养学生全面发展，为学生构建了丰富的第二课堂活动，搭建了多样化的育人平台，层面多样、内容广泛、形式新颖，参加者选择性强、自主性高，在寓教于乐的过程中，学生的自主性得以发挥，从而潜藏在活动中的思政教育因素会发挥作用，以极其自然的方式积淀到学生身上。

校园文化活动通过对活动的合理设计，运用多种喜闻乐见的方式，让学生积极主动地参与活动，享受活动。在愉悦的氛围中，与思政教育相关的因素如人生哲学、伦理规范和理想道德等，会以一种渗透的方式浸润学生，使学生在温馨愉悦的氛围中成长。

社会实践在学生培养中有着非常重要的作用，不同于高校专业知识及技能等方面的培养，社会实践对学生综合素质的提高存在着潜移默化的影响，其作用不可替代。将学生个体置于整个国家与民族的背景之下，置于历史与时代的维度之中，社会实践对学生在更大范畴上具有意义，在更广义的高等教育中扮演着角色。学生作为即将进入社会并在未来发挥重要作用的群体，通过社会实践活动，将个体与社会更为紧密地联系起来，社会日新月异的进步与民族复兴道路上发生的深刻变化，他们将获得亲身经历甚至参与创造的机会，其参与感与自豪感会让他们切身体验到国家在党的带领下所创造的辉煌成就，爱国的情感和承担民族复兴重任的使命感随之而来，形象且深刻，这将成为大学生努力学习积极回报社会等正能量行为的动力。

通过参与丰富多样的社会实践，学生的社会阅读能力和解决实际问题的能力会得到的充分的发展，其对理想和价值观的认识也不再抽象与片面，从而坚定当代学生对其远大理想的信念和自信。在行知结合中，学生原本相对稚嫩与单一的世界观不断成熟和完整，优秀的品格和个性在与外界的互动中形成良性的正反馈。

（三）实施隐性德育课程

隐性德育课程是指隐藏着思政教育目的，以潜移默化的方式发挥着思政教育功能的课堂，可以涵盖自然科学课程、人文社会科学课程以及专业课程，也就是今天大力提倡的"课程思想政治"，即课程思政。自然科学中渗透着科学道德和锲而不舍、坚忍不拔的探索精神，人文社会科学中贯穿着民族精神、爱国主义等思想，这些隐蔽的、无意识的、非正式的教育因素，对于培养学生良好的思想品德和健康的心理素质都具有难以估计的作用。专业课教师对学生的影响非常大，其在专业学术上的造诣常受学生的崇拜，进而延伸到崇敬专业课教师个人。因此，专业课教师应该利用自身的优势，在专业课程上不失时机地渗透正确的社会价值观念、专业道德等，还可以通过个人人格的魅力感染同学，引领同学对专业知识的探索、对科学精神的追求，甚至生活态度的积极向上。

三、高校思政教育的柔性管理

柔性管理的基本含义是指，在研究人们心理和行为规律的基础上，采用非强制方式，在人们心目中产生一种潜在的说服力，从而把组织意志变为人们的自觉行动的一种管理形式。柔性管理的最大特点在于它主要不是依靠外力，而是依靠权力平等、民主管理，从内心深处来激发每个成员的内在潜力、主动性和创造精神，使他们能真正心情舒畅、不遗余力地为团队目标努力。柔性管理的特征是：内在重于外在，心理重于物理，行教重于言教，肯定重于否定，激励重于控制，务实重于务虚。

"柔性管理"运用于思政教育，主要是要改变以往管理模式单一化和刚性的特点，讲求管理模式的多元化，展现人本性、情感性、间接性等特点，坚持个性重于共性、肯定重于否定、身教重于言教等基本原则，采用教育、引导、支持、激励等工作方式，不断增强学生的接受度。它是在思考现状与刚性管理弊端的基础上，结合现阶段思政教育所处的时代背景提出的，旨在进一步体现思政教育的"人文关怀"理念，引导一种更完美的教育境界。这也是贯彻落实科学发展观，提高思政教育科学性、增强思政教育实效性的重要内容。

（一）以目标确定为学习动力

新时代多样化的学生特点已经把思政教育的核心作用体现为：促进学习，激发灵感和洞察未来。激励、综合、协调学生以个体或团队形式，按照思政教育的目标进行努力，从而以更高的视野认识自身发展。在教育过程中，多激励，少打击；多肯定，少否定，通过正向的积极的鼓励，增加学生自我学习的动力。要善于发现学生的特长和优点，尊重学生的个性，理解学生个体的差异性，鼓励学生多元化发展，不要用一种发展模式要求所有学生。

通过这样的一种目标确定，可以将学生激发成为思政教育的动力，而不仅是工作对象；可以将学生的创新能力整合到学生工作的统一战略目标之中，从而使学生的发展、思政教育的优化能形成有机统一，促进思政教育的良性循环。

（二）以学生需求为价值导向

传统的思政教育观念是：供给创造需求。只要能提供服务，就会有学生参与，教育就会有成效，工作效果由教师的能力决定。在新时期，思政教育不仅要为学生提供服务，更要进行"供给侧改革"，主动丰富学生的价值取向的内涵，为学生提供更多成长成才服务，使学生在接受教育过程中能够获得更多的超值服务。

柔性管理就是将学生的需求与偏好放在首位，效果蕴含于学生对自身提高的需求之中，只要能将学生的需求与偏好转化为工作内容，工作成效就是这种转化的一种自然结果。同时，学生思政工作本身要求做好学生价值取向和文化客体选择的引导，使学生对服务的需求从被动接受向自觉接受转变。因此，柔性管理的关键在于确定如何创造提升学生价值的方案，如何解决学生所关注的问题的方案，以及如何将学生感知到的但并没有完全清楚表达出的愿望或需求，转化为可明确说出需求的工作内容。

柔性管理中强调个性重于共性，需要充分满足学生的多样化、个性化需求，将每一位学生都视为一个单独的工作对象，根据学生的特定需求来进行工作方式和内容组合，其最突出的特点是根据学生的特点来进行工作调整。从而可以有针对性地向学生提供差异性服务，真正体现以人为本。

第三章 高校思政教育的多维拓展与实践

第一节 中华优秀传统文化的深度融合

一、中华优秀传统文化对思政教育的渗透

（一）中华优秀传统文化思想对思政教育的渗透

1. 儒家思想对思政教育的渗透

儒家思想是博大精深的中国优秀文化的重要组成部分。思政教育者要传承中华优秀传统文化，全面认识、深刻体悟儒家思想，去糟粕，取精华，将儒家思想的智慧运用到工作中，切实提高思政教育工作的文化内涵，不断增强思政教育的实效性。

（1）中庸和谐与思政教育的借鉴。营造中庸和谐的组织氛围，应贯彻"忠恕之道"：努力做好自己该做的事就是"忠"；学会换位思考，宽以待人，就是"恕"。中庸和谐与思政教育的融合体现在以下方面：

第一，在高校思政教育队伍建设中，要重视"软环境"建设，强调人与人之间的团结互助，默契配合，增强对工作的认同感与忠诚度，用自己的忠恕原则感召人、塑造人。

第二，"谦恭礼让""严己宽人"，引导大学生处理好人际关系，创造和谐的校园环境与社会环境。教育学生要学会与人为善，学会合作与包容。

第三，扬善，扶正，使真善美成为学生心中社会主流价值规范。学生，尤其是学生干部，在学习、工作、生活中，要明辨是非，坚持原则，敢管敢做。大学生要勇于担当，以成长成才为己任，弘扬道义，传播仁义。

（2）仁者爱人与思政教育的借鉴。在教学过程中，坚持教师主导性，乐为人师更为仁师；坚持学生主体性，以人为本兼顾育人，最终实现育人与育仁的同频共振。这就要求思政教育者做到以下方面：

第一，有一颗爱人之心，把热爱工作与热爱学生相结合，做到以情感人，主动亲近学生，关心学生，帮助学生。

第二，"推己及人""子帅以正"。思政教育者要努力提升修养，以良好的个人形象，赢得学生的尊重。

第三，"仁者爱人"，要求思政教育者要引导学生从"孝"出发，由爱自己、爱亲人到爱他人，最终实现自己的人生价值。

2. 道家思想对思政教育的渗透

道家思想的核心理念是"无为""不争"，它彰显了道家思想的独特性，涵化着创造性思维和自由精神。"无为""不争"的理念不仅对政治伦理、治国方略、养生之道影响深远，而且也对提高思政教育的实效性带来了启示。

（1）自然无为与思政教育。以"无为"思想的教育思想为基点，结合目前高校思政教育现状，从理念、方法、内容三个具体维度借鉴"无为"思想之精髓，更深层次挖掘"无为"之教育智慧，可以为高校思政教育提供新的启示。

在树立"返璞归真"的教育理念中，需注意两点：①注重主体性教育，道家思想以"道"为核心，主张顺应自然规律行事，尊重人的个性独立，注重主体作用的发挥，而主体性是受教育者自主调节行为，在实践中完善自身品德；②顺应人之本性，老子"复归婴儿"的思想可以看作是人性本身，高校思政教育应针对学生的心理特点，立足其本性，以受教育者获得"纯真自然"为最终目标。

在提倡"润物无声"的教育方法中，需注意两点：①注重教育中的行动，道家的思想是根据事物发展的客观规律，辅助万物遵循自然法则去发展，思政教育应给受教育者以一定的自由度，充分发挥教育对象的主观能动性，尊重受教育者的自然本性；②强调隐性顿悟，道家一再强调其绝学弃智的主张，其特色是顺其自然，依乎天理，道家认为认知只能从本真知觉开始，在高校思政教育中，应强调受教育者的隐性顿悟。

在构建"淡泊知足、超拔飞越"的教育内容中，需注意三点：①提倡"上善若水"的品格，思政教育应从"水"的性质出发理解实施教育之道，在具体的教学过程中，引导受教育者追求"上善若水"的大道品格；②提倡"淡泊知足"的态度，老子讲求淡泊名利，低调处世的人生态度，但文化多元的背景下，高校思政教育应加强对受教育者的名利观教育，启发受教育者不要刻意追求或者不择手段地追求名利；③提倡"超拔飞越"的精神，老庄强调得其自在，人只有高瞻远瞩，不被外界所困扰迷惑，人生自然会超拔升华，又强调平等，肯定物我之间的相互融合。高校思政教育应培养受教育者超拔飞越的人生态度，从而去寻求自我超拔的途径。

（2）上德若谷与思政教育。"上德若谷"即崇高的品德好像幽深的山谷。老子认为为人处世应宽宏大量、海纳百川、虚怀若谷、能原谅人、包容人。在建设"美丽中国"过程中，不仅是建设看得见的美丽，更是看不见的美丽即人的以德报怨的博大胸襟。处在全球化、信息化、现代化的大背景下，学生心理健康教育过程中必须加强中华民族优秀品德的教育。老子思想中倡导诚信地对待一切事物，希望每个人拥有质朴纯洁的道德；"不敢为天下先"的奉献精神。老子的思想中慈爱、俭朴、不敢为天下先的谦让精神称为三宝。不敢为天下先的精神也即为奉献精神。水滋润万物而不与他们相争，人也应像水一样处处先考虑别人，先人后己，大公无私。

（二）中华优秀传统文化精神对思政教育的渗透

1. 和谐精神对思政教育的渗透

"和谐"是指由诸多性质不同或对立的因素构成的统一体，这些相互对立的因素同时又相互补充、相互协调，从而形成新的状态，产生新的事物。"和谐"发展为对人的和谐发展、人与人和谐关系及人与自然和谐关系的追求。现代思政教育从形式到内容如此丰富多彩，是从长期的社会实践过程中世代相传、逐步积累起来的，这是它得以不断向前发展的前提和动力。

（1）和谐思想在思政教育内容中的运用。思政教育的内容，就是根据一定的社会或阶级的要求，针对受教育者的思想实际，经教育者选择设计后有目的、有步骤地输送给受教育者的一切信息。思政教育内容的存在形式是一种结构关系，主要表现为思政教育诸多内容之间的整体性、有序性和层次性关系。而思政教育过程的特殊矛盾是一定社会和阶级对于人们思想品德的要求与人们实际的思想品德水准之间的矛盾。这个特殊矛盾规定着思政教育的内容和发展，这个特殊矛盾能否解决得好，内容能否在现实生活中被学生广泛地接受，取决于学生的社会物质生活条件与学生的具体思想意识状态。

学生思政教育内容的和谐是指内容的层次性和时代性的和谐要与学生的具体思想实际和物质利益相和谐。学生思政教育内容要依据人的思想意识运行规律。人的思想意识是一种立体结构状态，横向上具有哲学、道德、艺术等意识成分，纵向上可分为心理、观念、思想三个层次，这三个层次密切联系，具有整体性规律，又各自发挥着相对独立的作用。要做到学生思政教育内容的和谐，应注意两方面：①对学生开展人文教育促进和谐，高层次的社会责任感和道德感主要依靠文化的积淀；②对学生开展感恩教育促进和谐。感恩教育，就是教育者运用一定的教育方法，创造一定的教育氛围，对教育者实施人文教育。

（2）和谐思想在思政教育方法中的作用。思政教育方法是教育者借以调动构成思政教育活动的其他要素的作用，最大限度地发挥各自的效能。思政教育的方法是实现思政教育目标的重要手段和保证，又是教育者和教育对象之间相互作用的中介。思政教育是教育人、转变人的工作，因此在具体的实施过程中不断探索。

对于显性教育方法与隐性教育方法的和谐作用就是用和谐思想的方法培养人、培养和谐的人，是当前学生思政教育的观念创新。在思政教育的方法体系中，显性教育法对完成思想导向的任务显然具有明显的作用，它所承担的正规化思想教育任务，是其他方法难以完成的。通过显性方法对社会意识形态直接、强烈的影响作用来显示思政教育的强势存在和地位，隐性方法才能顺利实现向其他活动的渗透，并保持在其他活动中的影响作用。

坚持显性方法的主导地位，但也要重视隐性教育有利于形成"齐抓共管"的思政教育局面。要把显性方法在思政教育方法体系中的主导地位作为发展取向的基本原则。显性方法与隐性方法紧密结合。可以互补长短，齐头并进。显性方法与隐性方法都要转向双向互动的趋势。通过双向建构和双向整合的基本机制来达到我国教育的目标。

2. 人本主义精神对思政教育的渗透

（1）思政教育中体现"以人为本"的体现。"以人为本"体现在以下方面：

第一，研究个人的差异性，增强教育内容的针对性。由于受教育者所处的环境、受教育程度、价值观念、生活方式等在客观上存在差异性。因此，思政教育者必须从受教育者的实际出发，承认各个受教育者在成长过程中所表现出来的才能和品德的差异，并且按照这种差异给予区别对待，增强思政教育内容的针对性。

第二，研究政策的科学性，增强教育内容的时代感。思政教育内容要增强时代感，主要做好增强科学精神、人文精神和创新精神的培养。研究人的实际需要，增强教育内容的多样性。人的需要是变化多样的，思政教育内容要从人的实际需要出发，来增强教育内容的多样性。

（2）人本主义精神视角下的思政教育策略。针对学生思政教育困境及其成因，应在"以人为本"理念的指导下，积极探索符合新时期需求的思政教育内容、途径和方法，不断增强学生思政教育的针对性和实效性，促进学生全面、协调、自由发展。

明确思政教育的培养目标，促进人的全面发展，是"以人为本"的核心。思政教育要以学生全面发展为目标，学校思政教育坚持"以人为本"的原则，通过思政教育不断提高学生的素质，促进其全面、协调发展，这也是思政教育贯彻"以人为本"原则的出发点和落脚点。

以学生为本，增强教育工作的科学性从这三方面来体现：①工作的主动性和实效性相结合；②工作的针对性和科学性相结合；③工作的长期性和创造性相结合。

就教育方法而言，改革思政课程的教学方法，要尊重学生的主体性，调动学生在学习中的主观能动性。思政教育是教育者价值引导与受教育自主建构相统一的过程，在教与学的过程中两者各为主体，互相配合，在学生政治价值观的内化与政治参与行为的外化中起着重要作用。

二、中华优秀传统文化与思政教育的融合

（一）中华优秀传统文化与思政教育融合的必要性

1. 中华传统文化发展的趋势

"中华优秀传统文化融入高校思政教育具有重要的时代价值与现实意义。"①思政教育作为一项旨在提高人们思想道德素质水平的活动，其核心目标是推动个体的全面发展，激发他们为实现共产主义而奋斗。在这个过程中，文化素养的培养尤为重要。具备优秀的文化素养可以使个体站在更高的道德与精神高度，塑造正确的世界观与价值观。而对传统文化的重视，则是思政教育不可或缺的一部分，通过弘扬中国特色社会主义文化，传承国粹，促进个体的全面发展，为国家和社会培养具有文明素养的新一代人才提供坚实的文化基础。

传统文化在中国的育人传统中具有举足轻重的地位，尤其体现在"文化育德"和"文化化人"的理念中。这些理念不仅在千年来的中国社会中深受影响，而且在塑造国人思想道德品质方面发挥着重要作用。为了进一步提升思政教育的质量，必须将传统文化有机融入教育过程中，充分借鉴其价值观念和教育方法，从而使之成为思政教育的重要组成部分，推动学生的全面成长和发展。

传统文化与思政教育的融合是促进后者发展的必然趋势。通过将传统文化的精华融入教育实践，能够丰富教育内容，提升教育质量，引导学生树立正确的人生观和价值观，从而更好地适应社会发展的需求，为国家和社会培养具有责任感和创新精神的新一代人才。

2. 文化自觉与文化自信的要求

文化自觉和文化自信对于促进国家与民族的发展至关重要。在高校中，不同文化背景的学生和教职员工相聚一堂，就需要加强文化自觉，即对自己文化的认知和了解。这不仅有助于增进彼此之间的理解和尊重，还能够为跨文化交流提供更有利的基础。同时，文化自信也是必不可少的，每个国家和民族都应

---

① 熊沂，骆婉婷.中华优秀传统文化融入高校思想政治教育的对策研究[J].学校党建与思想教育，2023（24）：48.

当对自己的传统文化充满信心，认识到其所蕴含的价值，并在与其他文化的交流中展现出自己的特色和魅力。

在高校中，加强文化自觉意味着学生和教职员工应当积极学习和了解彼此的文化，尊重并包容不同的文化差异。这种文化自觉不仅有助于构建和谐的校园环境，还能够为学生提供更广阔的视野和更深入的跨文化体验。同时，通过增强文化自信，学校可以树立自信心，展现自身的文化魅力，并在国际舞台上更加自信地交流与合作。

在高校中，促进文化自觉和文化自信的建设需要多方共同努力。学校可以通过开设跨文化交流课程、举办文化节庆活动等方式，引导学生和教职员工增强文化自觉和自信。同时，政府和社会也可以提供支持和帮助，为项目的文化建设提供资源和平台。通过共同努力，高校中外合作办学项目可以成为跨文化交流与融合的典范，为国家和民族的文化发展贡献力量。

3. 文化软实力的形成及其发挥

文化软实力的重要性愈发凸显。文化软实力不仅代表着一个国家的文化发展水平，更是国家所具有的文化影响力和号召力的象征。这种软实力不仅能够增强国家的凝聚力和社会的稳定性，也有助于促进国际的交流与合作。在高校中不同国家的文化交流将成为推动文化发展的重要动力，有助于促进学生和教职员工的跨文化交流与理解。

中国作为一个多民族国家，尤其应当重视传统文化的传承和发展。在高校中融合传统文化元素，开展文化交流与传播，有助于增强项目的文化软实力。通过将传统文化与现代教育相结合，可以激发学生的文化自信心和国家认同感，促进中外学生在思想和文化上的融合。

然而，要实现传统文化的创新和发展，需要不断探索和尝试。传统文化虽然蕴含丰富的智慧和价值，但也需要与时俱进，与现代社会相适应。可以通过创新的教学方法和内容设计，结合当代学生的需求和现实情况，使传统文化焕发新的生机和活力，从而真正成为文化软实力支撑和推动力量。

4. 寻求思政教育新路径的必要选择

只有从文化中汲取优质内容，令思政教育具有文化属性，其内容才能够变得更加丰富。但是思政教育目前出现了一些问题，必须进行创新来提升思政教育的内容及水平。在如今全球化的时代之中，多元文化的优势变得越来越明显，导致学生的思维发生了极大的转变，同时也对学生的思政教育提出了更严峻的考验。中国优秀的传统文化在这个现状之下，更是突出了传统文化自身所具有的优质内涵，而将传统文化融入思政教育之中，便是现阶段能够有效解决思政教育困境的一个最为有效的方式，而只有真正地解决掉了在思政教育路上的艰难险阻，才可以真正地提升思政教育对于学生的实际教育效果。

（1）传统文化是思政教育的补充。现阶段，我国高等院校中的思政教育很大一部分都是在课堂中进行的，课堂作为施展思政教育的一个主要渠道，拥有集中教学资源、增强教学效果、突出教学重点等其他教学方式无法与之相比的功能。

教师要想真正地知晓传统文化对于思政教育的作用及意义，其自身应深入地对传统文化进行研究，从而开发出思政教育与传统文化教育之间的结合点，逐渐形成相对成熟的知识体系及教学体系。但是目前大多数教师仅是根据自己的喜好及自身对于传统文化的知识积累，来将二者进行融合，这一种融合仅是机械融合或者单纯说教式的知识输入层次，没有更进一步地去思考我国传统文化中所具有的真正实质及内涵等因素。因此，将中华传统文化融入思政教学过程中，能够有效地提升其在整个教学过程中所占的比重，探寻中华优秀传统文化及思政教育相结合的方法，提升思政教育的实效性，对于吸引学生、激发学生对于传统文化的热爱有着重要的意义。

（2）有利于思政教育实现"三全"育人。思政教育工作者在学校之中需要将培养学生的历史发展眼光放在第一位，从近代开始中国历史的发展趋势及世界历史趋势中来探寻历史的发展规律。而要想实现该目标，就不可以将思政教育限制在课堂之中，否则，教学效果则会事倍功半。要想使思政教育获得最大的效果，必须实现"三全"育人，即全员育人、全过程育人以及全方位育人。而在高等院校之中进一步开展思政教育，需要充分地运用"以文育人"和"以文化人"，这两个在思政教育之中占据着重要位置的内容。

在对高等院校中的校园文化进行塑造时，需要充分开发出丰富的传统文化内容，并将其与校园的实际情况相结合，针对学生思想的特点及变化，设计出适合学生发展的，具有传统文化特色，受学生喜爱的校园文化。而这一种特色明显的校园文化能够为思政教育提供一个良好的氛围以及内容供应。从而促进拥有传统文化特色的校园文化能够与思政教育进行结合，以及更多的拥有传统文化知识的专业教师能够全身心地共同投入到对于学生的思政教育之中，从而全方位地提升思政教育之中的育人功能。

（3）帮助学生树立正确的价值观。将我国的传统文化与学生思政相结合，运用传统文化来做核心，这样对增加思政教育中的深度以及厚度，有着很大的帮助。不仅如此，对于帮助学生形成正确的三观，形成拥有中国特色的文化自觉及文化自信，均有着十分重要的指导意义，从而增强复兴中华民族的信心。

总之，在思政教育中，充分地发挥出中华传统文化所具有的价值，真正地实现传统文化与思政教育的融合，实现我国思政教育的创新发展，这对解决现阶段对于学生的思政教育所出现的一系列难题，有着尤其重要的现实意义。而要想真正地将这一想法实现，则必须在教师与学生中间创建起一个高度的文化自觉，不断地进行创新，以此为基础，创建出一个传统文化与思政教育融合的双方共利局面。

（二）中华优秀传统文化与思政教育的融合路径

1. 强化中华优秀传统文化在思政教育中的引导作用

把我国的传统文化作为一个文化载体，融入思政教育工作中是一个重要的措施，这样不仅能够让学生创建科学的文化观，又充分地发挥出了我国传统文化所具有的真正作用，即增强文化建设，提升文化自信，提升我国学生的全面文化能力以及对于文化的鉴别能力。只有将传统文化放在思政教育资源中重要位置，才能够令思政教育更进一步地发展。在学校中开展传统文化课，能够令学生在传统文化的熏陶之下，不断地提升自己的思想道德素养以及传统文化修养，从而真正实现思政教育所具有的育人目标。

思政教育工作者需要善于利用大众传媒为载体，充分地借助网络来扩大我国传统文化的覆盖面积与影响力，以此来进一步提升思政教育的时效性与科学性，引导学生进行传统文化学习。

（1）增强教师的传统文化素养。思政教育工作队伍作为增强和改进思政教育的重要保证，应做到三点：①在思想上认识到在思政教育工作中传统文化的重要性；②认真地学习我国的传统文化，优先提升自己的文化素养；③自觉地将传统文化与思政教育之间相结合，努力挖掘出思政教育与传统文化的结合点，对思政教育进行进一步创新。

（2）对教育、教学方式进行创新。教师需要以传统文化所具有的独特性来吸引学生的主动关注，令他们能够从心底里对传统文化产生浓厚的兴趣。同时在对学生进行指导教学时，需要让他们获取更多的文化知识，以此来增加自身的文化素养。

（3）必须兼顾学生的差异性，凸显出育人目标多样化。需要坚持以学生为本，注重人文关怀，对于不同的个体寻找对其有效的教育方法来建立多元化的评估激励机制。

2. 确立思政教育融合中华传统文化的环境保障机制

环境指的是某一事物其周围的具体情况以及条件。环境本身作为教育力量而言起着十分重要的作用，环境的好坏能够直接影响到教育的发展。而对学生自身的思政教育能够产生直接影响的便是学校环境、家庭环境、社会环境，伴随着时代的不断发展以及科学的进步，使得网络对于思政教育的开展以及学生思政道德的影响越发明显。社会环境教育、家庭环境教育、学校环境教育所起到的具体功能有着极其明显的不同，只有将这三方面环境的教育进行融合，才能够获得一个完整的教育效果。

社会环境教育、家庭环境教育、学校环境教育这三个教育活动均是以培养人为目的，所以说明三者的目标具有一致性。三者虽从目标的表现形式存在着一定的差异性，以家庭环境教育与学校环境教育为例，家庭环境教育所展现出的目标是父母自身的意志；学校环境教育的目标所反映出的则是党的教育方针以及社会主义教育的性质，所展现的是国家的意志。家庭环境教育与学校环境教育二者相比较而言其实都是一致的，都是以培养全面发展的优秀人才为最终目的的，所体现出的都是以人为本的教育理念。

除此之外，社会环境教育、家庭环境教育、学校环境教育共同创建出了时空上的整体性。时空上的整体性所指的便是三者从不同的空间与时间来将学生的生活进行连接、延续及配合，从而形成了一体化的崭新格局。因此，将三者之间的联系进行衔接，便是教育一体化的一个重要内容。而从时间上来进行分析，则能够发现三者能够在个人发展的不同阶段起着不同的作用；从空间上来进行分析，则能够发现个人的时间占比大多数都是处在家庭、学校、社会三个环境之中，所以，三者时常会发挥出共同的作用，且不可分开。

（1）社会环境中传统文化氛围的营造。社会环境教育分为多样性、实用性、及时性、互补性四大特点。多样性指的是由于教育对象各式各样，所以必须以丰富多彩的教育内容来满足不同的受教育者；实用性指的不仅是追求于理论上的完整，还要追求其本身的趣味性以及接受程度；及时性指的是社会环境教育能够以社会的实时发展来对内容进行调整；互补性指的是社会环境教育所能给学生带来的知识通常是学校环境教育不具备的。

所有的民族发展都是以继承与弘扬传统文化为优先的，一个民族如果没有传统文化来对其文化发展进行支撑，那么这样下去也就逐渐丧失了自身发展的方向。除此之外，思政教育必须有社会的支持才可以进一步发展下去，而只有当社会对传统文化的重视程度提升，传统文化与思政教育的结合才能够顺利地进行下去。而创造出具备文化自觉、文化自信的传统文化环境，并非只是顺应时代的发展，更主要的还是社会自身所具备的传承传统文化的义务与责任。

国家以及政府身为推动传统文化进行发展的领导者，需要从思想上来对传统文化的推广任务做到重视，同时还要重视对于传统文化的开发程度以及利用程度，从而在社会之中深入地开展与之相关的系列活动，从各个方面来对传统文化本身所具备的教育性做到相应的保障，以此来使传统文化能够一直延续下去。例如，提升对于非物质文化遗产的保护与宣传力度，令全国人民可以清楚地认识到什么是非物质文化遗产，并对其的保护法律与法规进行完善，以此来提升民众对于传统文化的保护意识以及认可；借助于媒体，来向民众宣传、介绍传统文化所具有的独特魅力，形成有效的舆论环境等。人们只有在社会之中形成一个对传统文化有利的环境，才可以有效地促进传统文化与思政教育之间进行结合。

只有从现实出发来进行研究，才可以有效地确保研究自身的可持续发展。而在我国的思政教育过程中，开发出传统文化中与思政教育相关联的教育体系的同时，也要注重对于现实问题的一个信息反馈，并借此来使其具备更加宽广的视野。因此，人们需要关注在社会之中所存在的问题，做到在问题中发现解决问题的方法，以此来不断地对学术视野进行更新，促进传统文化与思政教育的融合研究。

（2）家庭环境中传统文化教育的创造。家庭环境教育本质上所指的就是家庭中的教育内容以及所运用的教育方法。家庭教育具有全面性、广泛性、复杂性、灵活性、继承性的特点。全面性的特点决定了家庭环境教育所具备的广泛性特点，使得家庭环境教育能够变得随处可见；复杂性的特点则与学校环境教育不一样，在家庭环境教育中是不具备与学校环境教育相似的教育内容以及教育学制的，同时也很易受到家庭以及周边环境的影响而发生改变；灵活性的特点则使得家庭环境教育自身能够同时地拥有针对性与及时性特点，而这也是因为父母与孩子之间的特殊关系所导致的，可对孩子的具体情况进行针对且及时的教育；继承性的特点所指的则是当孩子在受到来自父母的教育之后，会以相同的方式来教授给下一代。

（3）校园环境中传统文化教育的创建。

第一，创造良好的校园物质环境。良好的校园物质环境所指的是优秀的校园建设规划。以设施改良、环境美化为基础，建设出能够充分地体现出学校文化的校园，而要想将校园物质环境做到最佳，还需要做到的是对校园进行完善设计与规划，比如，在学校之中，其所具备的特殊设计不但可以展现出我国的民族文化特色，还可以展现出具备现代风格的校园建筑，以及具备学校特色的校园景观。除此之外，还需要对校园物质环境进行定时维修与护理。在此基础上，便要求教师与学生的环境保护意识需要进一步地提升，开展与之相对应的一系列教育活动。一个具备优秀环境的校园，对于学生而言不仅是他们得以成长的乐园，更是提升他们文明素养的一个重要保障。

第二，营造良好的校园网络环境。网络是一把双刃剑，它可以为人们提供便捷，但也可以给人们带来不良的信息。因此，为了能够给学生提供一个健康的网络环境，要做到五点：①帮助学生清晰地看透网络的本质，从而学会该如何运用网络来获得自己所需要的相关知识，增强学生网络素养的进一步提升；②在校园中开展相关的网络道德教育活动，正确地指引学生，避免其沉浸在网络世界中，使其能够遵守网络文明道德规范，从而养成网络自律的意志力；③制定相应的网络道德标准和法律法规，以此来提升学生的网络道德意识，避免触犯法律条例；④增强对于学生网络行为的监管力度，为此，学校应该在校园中设立一个具有专业性的网络管理机构，以网络专业技术为助力，对学生产生不良影响的网络信息进行阻拦；⑤积极主动地去建设自己学校独有的思政理论网站，以科学为武器，宣传正能量，抵制不良影响，以此来创建一个优异的网络舆论环境。

第三，优化校园周边环境。伴随着人们生活水平的不断提升，第一媒体——报纸，第二媒体——刊物，第三媒体——广播、电视得到了普及，而新时代飞速发展的科技水平，诞生了第四媒体——互联网。在目前，互联网不仅已经成为深受人们喜爱的一个媒体，同时也成为承载着学生思想发展的重要作用。

而在此背景下出现了新的现象，该现象便是学生信息异化。所谓的学生信息异化所指的便是信息恐慌、信息依赖、信息崇拜、信息毒害以及信息犯罪。而真正能够有效地解决该问题的方法便是适应。树立学生的主体意识，使学生具备分清人与信息之间的定位关系；树立学生的政治意识，使学生自身的政治敏锐性以及明辨是非的能力获得进一步的提升；树立学校的网络阵地意识，使学生有意识地将校园网络建设成为培养学生思想政治素养的一个主要阵地；树立起学生的时代意识，使学生能够正确地提高自身的信息素养，紧跟时代的发展脚步；树立起学校的法治意识。利用法律的力量来对学生的网络信息活动进行约束。

由于各个学校自身的周边环境与校园内部的环境之间存在着较为密切的联系关系，导致校园周边环境以及校内环境的改建容易影响到学生的思想政治素养。因此，学校要想对其周边的环境进行优化，应当做到与工商部门、公安部门、社区部门等进行合作，共同对校园进行治理，维护周边的治安安全，严惩所有的违法行为，维护教师与学生的人身安全以及财产安全。共同创造出一个文明、健康、和谐的优秀校园环境。

3. 建立思政教育融合中华传统文化的工作保障机制

（1）调整思政教育工作队伍结构。思政教育工作队伍的结构主要包括以下方面：

第一，年龄结构方面。在思政教育工作队伍对于年龄结构的老、中、青三个年龄阶层一共分为三种模式：①老、中、青三者呈正三角形模式，也就是青年人多于中年人，中年人又多于老年人，这一种正三角结构有助于整个队伍能够更加稳定且持续地发展，同时也被人称为是"前进型"结构；②青年与老年人数较少，中年人数较多的纺锤形模式，虽说这种模式有助于更好地开展眼前的工作，但是并不利于以后的发展，因此，也被称为"静止型"结构；③老年人多于中年人，中年人多于青年人的一个倒三角模式，该模式由于老年人过多，对于较复杂的工作很难胜任，因此，也被称为"衰退型"结构。

第二，学历结构方面。和专业教师相比，思政教育工作队伍的成员普遍的学历不高，现阶段依旧是以本科及以下学历为主，研究生和博士生学历的较少。

第三，职称结构方面。在思政教育工作队伍之中，占据多数的是低级职称，高级职称相比较少，明显这种情况是不利于思政教育工作者对学生全面且高效地开展思政教育的。因此，高校需要在整个思政教育工作队伍的建设过程中，尽最大可能地将以上三个结构调整至最优。

（2）提高思政教育工作者的素质。所有从事思政教育工作的人，不管是专职还是兼职，都一定要拥有较高的素质，其基本素质应当是业务精、作风正等。业务精便是对于思政教育工作人员的业务素质所提出的要求，只有不断地提升自身的职业道德素养，才能够帮助学生更好地形成优秀的思想政治素质。作风正则是要求身为思政教育工作人员，需要具有高尚的人格魅力。在工作的时候，要做到脚踏实地、公正严明，不运用私人关系来解决事情；对待他人则要做到谦逊有礼、得体大方，说的与做的都要做到一致；对待学生要做到无私奉献、循循善诱、谆谆教导。整体来说，身为思政教育工作人员一定要提升自己的整体素质，争当学生的知心朋友以及人生导师，以自己高尚的人格魅力来引导学生，教导学生。

第一，道德素质。道德是对于集体生活以及个人行为的一种行为准则与行为规范。而教师的道德素质便是以教师职业道德规范与行为准则来作为尺标，在进行教学工作时，严格遵守。教师身为学生道德思想的启蒙者以及塑造者，在教育工作中不仅要对自己的语言进行规范，也要做到以身作则，以自身的道德素养来影响学生。

第二，知识素质。学生的知识水平本身便已经处在了社会的较高层次之中，所以，能够对他们进行更深层次教导的教师自身便应当具有更加深厚的知识素质。一名教师自身知识素质的高低与否，与他们身处于学生群体之中的个人影响力有着重要的影响，甚至能够影响到他的教学工作。思政教师要对于党所制定的路线、方针、政策，特别是对于党所制定的教育方针有着深入且全面的认识与理解，具有高层次的政治觉悟、理论政策水平以及实际应用能力。那些具有充分的知识储备的教师则能够在学生遇到困惑之时，及时地为其指明方向。

（3）提升对思政教育教师的激励。

第一，以激励形式的有形与无形作为标准依据，可分为物质激励和精神激励。物质激励是以人们能够直接用肉眼便可看见的物质奖励来作为激励。在管理之中所运用的激励形态，通常都是以奖金、补助、购物券等来对人们进行激励的。大部分高校都采取奖金形式来作为激励教师的方式，唯一不同的便是奖励的金额不一样。精神激励是以肉眼无法直接看到的非物质奖励来作为激励。因此，在教学管理之中，不光是物质激励，精神激励也是经常被人们运用的一种激励方式。

第二，以奖励过程的快慢为依据，可将其分为即时激励和延时激励。即时激励指的便是当某一个体完成指定目标之后，立刻便可获得奖励的激励形式；延迟激励则是指当某一个体在完成指定目标之后，在很久之后获得奖励的激励形式。即时激励与延迟激励二者各有各的优点以及缺点。即时激励有助于自己对工作的正确与否进行判断，从而养成良好的行为习惯，进一步地提升工作效率。

从精神激励方面进行分析，教学工作其本身便是处于一种无形的压力之下，每一名学生之间都存在差异性，沉重的教学任务，学生家长的过分要求，社会对于教师的过分期望等都会严重影响到教师自身的状态，容易造成教师迅速转入倦怠期的现象。从事教学管理工作的管理者、教师、行政人员等都会面临职业倦怠期所产生的困惑与压力。任何一名教师都想要将自己工作任务做到最优，从而成为每个学生心中最尊敬、最喜爱的教师。但是，在教学过程之中，很少有学校会主动地给予教师应有的温暖。

从物质激励方面进行分析，教师在物质奖励的激励之下，他们对于进行科学研究的兴致究竟会持续多久，而所研究出来的质量又会是什么样子的。学校对此并没有一个准确的认知，无法从内部来对教师的教学工作给予一个科学的认知，因此，便很难从根本上来解决问题。

第二节　红色基因的传承与红色文化的现代诠释

一、红色资源的内涵及其多重价值

红色资源是指中国人民为争取民族独立、人民解放和国家富强而作出的伟大牺牲和奋斗所留下的一系列珍贵财富，它涵盖了革命精神、革命历史、英雄人物、纪念馆、红色遗址等多个方面。这些红色资源不仅是中国共产党的宝贵精神财富，也是中国人民的宝贵精神财富，是中华民族历史的重要组成部分，具有极高的社会价值和文化意义。

中国人民进行了长期的新民主主义革命和社会主义革命，用鲜血和生命谱写了壮丽的革命史诗。这段历史是中国人民艰苦奋斗、英勇斗争的历史，也是中国共产党领导中国人民走向胜利的历史。革命精神是红色资源的核心，它体现了中国共产党和中国人民在革命斗争中的英勇顽强、不畏牺牲、坚定信念和百折不挠的精神品质，是中华民族的宝贵精神财富。

红色资源的总和构成了中国革命和建设的丰富历史文化底蕴，是中国共产党领导中国人民走过的光辉历程的历史见证，是中国共产党领导中国人民进行的一次又一次伟大社会实践的历史记忆。这些历史文化遗产在新中国成立以后，得到了广泛的发展习惯性和沉淀路径，不断为中国社会主义建设事业提供精神动力和文化支撑。

在精神文化层面，红色资源是中国人民的宝贵精神财富，是中华民族的宝贵文化遗产，具有丰富的历史文化内涵和深厚的文化底蕴。这些红色资源是中国共产党领导中国人民进行革命和建设的精神源泉和文化根基，激励着中国人民在建设中国特色社会主义事业中勇往直前，为实现中华民族伟大复兴的中国梦而不懈奋斗。

红色资源的开发利用价值在于激励人民群众坚定中国特色社会主义道路自信、理论自信、制度自信、文化自信，促进全社会形成共同奋斗、共同进步、共同发展的良好氛围，为推动中国特色社会主义事业不断向前发展提供强大动力。在新时代，充分挖掘和利用红色资源，有利于提高全民族的历史文化素养和文明素质，增强中华民族的凝聚力和向心力，推动中国特色社会主义事业繁荣发展。

在社会发展现实中，红色资源也具有重要的社会价值。它是激励人们坚定理想信念、传承家国情怀、弘扬爱国主义精神的重要载体，有助于引导人们正确对待历史、认识历史、铭记历史，增强社会凝聚力和向心力，促进全社会的和谐稳定发展。

红色资源是中国人民和中国共产党领导中国人民进行革命和建设的宝贵精神财富，具有极高的社会价值和文化意义。充分挖掘和利用红色资源，有利于推动中国特色社会主义事业不断向前发展，增强中华民族的文化自信心和自豪感，为实现中华民族伟大复兴的中国梦作出新的更大贡献。

二、红色文化教育价值与精神传承

（一）红色文化教育价值的基本原则

"红色文化是以马克思主义思想为指导反映中国共产党人和广大人民群众的心理品格、思想意识、精神风貌的一种民族文化。"[①]

---

① 李长真，宇文翔.红色文化价值资源与大学精神的互融性思考[J].现代商业，2014（11）：269.

1. 坚持先进文化引领与区分不同层次相结合

实现红色文化的教育价值，必须以先进性为灵魂，以层次为载体。一方面，要坚持先进文化的前进方向，倡导追求核心价值观，抵制庸俗媚俗；另一方面，要考虑处于不同层次的人的特点，提高教育的针对性。只有把先进性和差异性有机结合起来，才能更好地实现革命文化教育的价值。

（1）推进红色文化教育，必须坚持先进文化的方向，以先进的文化理念教育大众。文化建设是提高人们的思想素质和思维能力。无论是开展文化活动，还是提供文化产品，都要传播知识，传承文明，用美好的理想和坚定的信念支撑生活，用深厚的文化内涵滋养生活。

（2）在坚持先进价值观的基础上，红色文化的教育价值必须坚持层次性原则。红色文化的宣传应针对不同的阶级和群体采取不同的方式，因为，只有在掌握教育对象水平的基础上，采取有针对性的宣传内容和方法，才能充分实现红色文化的教育价值。

2. 坚持科学理论指导与生活实践养成相结合

红色文化教育的使用引导人们的想法朝着正确的方向发展，把低层次的心理状态提升到高层次的意识形态上，不仅要坚持科学理论的指导，而且要把人们的思想和社会发展的实际相结合，在实践中，理论与实践相结合，实现规律性和目的性的统一。

（1）为了实现红色文化的教育价值，必须坚持科学理论和主流思想的指导。坚持正确的政治方向是党的基本，遵循善和原则。是因为阶级和政党的教育活动具有很强的政治目的，符合自己的政治利益。因此，必须坚持正确的政治方向，传播红色文化，实现红色文化的教育价值。

（2）在实现红色文化教育的价值上，坚持实践性原则。利用红色文化优势，帮助人们树立正确的世界观、人生观和价值观。实践教学是克服错误思想影响的必要手段。与此同时，红色文化的传播要立足于中国特色社会主义的实践和人民的生活。在贴近人民生活的基础上，挖掘红色文化的生活化、平民化、草根化内容，缩小红色文化与人民的距离，注重让人民感受、体验、理解和应用，增强对红色文化精神的认同和认同。只有从新的角度解读革命文化的宣传内容，用体现新时期革命文化精神的先进人物和先进思想传播革命文化，才能实现革命文化的革新和发展、时代转型，增强革命文化的感染力、说服力、亲和力和影响力。

（二）红色文化融入理想信念教育的传承探索

1. 创新理想信念教育形式

在当今信息化时代，利用互联网技术拓展红色文化融入理想信念教育的途径，创新理想信念教育形式具有重要意义。通过互联网＋红色文化，可以更好地传承和弘扬红色文化，激发大学生的爱国情感和理想信念。在这一过程中，线上平台、微信公众号、知识竞赛等工具成为重要的载体，智慧思政教育平台、虚拟展厅、虚拟现实技术等则为红色文化的传播和理想信念教育的创新提供了广阔空间。

互联网＋红色文化为传承红色精神提供了新的途径。通过线上平台和微信公众号等新媒体工具，可以将红色文化的优秀传统和先进典范进行深入解读和宣传，让更多的大学生了解和认识红色文化的价值，增强他们的文化自信和爱国情感。

智慧思政教育平台的建设为红色文化的教育提供了新的可能。结合虚拟展厅和虚拟现实技术，可以打造沉浸式的红色文化体验环境，让学生们身临其境地感受党的光辉历程和英雄事迹。通过这种互动式的学习方式，学生们可以更加深入地了解和感受红色文化的魅力，增强理想信念的坚定。

"学习强国""青年大学习"等在线学习平台也为红色文化的普及和传播提供了便利条件。这些平台汇聚了丰富的教育资源和优质的学习内容，可以为学生们提供更加便捷和多样化的学习途径。通过在这些平台上设置红色文化专题、推出相关课程，可以引导学生们深入学习和了解红色文化，培养他们的理想信念和爱国情感。

学生互动参与也是推动红色文化融入理想信念教育的关键。通过组织线上讨论、线上互动等形式，可以促进学生们之间的交流和互动，增强他们对红色文化的共鸣和认同。同时，学生们的参与也可以为红色文化教育提供新的思路和创意，推动理想信念教育形式的创新和发展。

利用互联网技术拓展红色文化融入理想信念教育的途径，创新理想信念教育形式，有助于传承和发扬红色精神，激发大学生的爱国情感和理想信念。通过线上平台、智慧思政教育平台、在线学习平台等工具的运用，可以更好地传播红色文化，丰富理想信念教育的内容和形式，促进学生全面成长和发展。

2. 丰富理想信念教育内容

在高校中挖掘和利用红色文化教育资源对于加强大学生的思政教育、坚定理想信念、培养爱国情怀和报国精神具有重要意义。地方红色文化资源、校园红色文化、红色歌曲等方面都是宝贵的教育资源，可以为学生的思政教育提供丰富的内容和形式。

地方红色文化资源是丰富的。各地都有着不同程度的红色文化遗存，记录着革命斗争的光辉历程，反映了中国共产党领导人民群众进行革命斗争的艰辛历程和丰功伟绩。通过参观红色景区、了解红色故事，学生可以深入了解党的光辉历程和英雄事迹，增强爱国主义情感和责任担当。

校园红色文化也是宝贵的教育资源。每所高校都有自己的校史，有着丰富的红色校史和教师育人事迹。通过建设校史馆、开展校史教育，可以让学生们深刻领悟到学校的发展历程和人才培养的伟大成就，进一步坚定理想信念。

红色歌曲也是一种重要的教育形式。红色歌曲载歌载舞地歌颂了中国共产党的领导、人民军队的英勇和人民群众的伟大，激发了人们的爱国情感和报国热情。通过开展红色歌曲的演唱比赛、主题团日活动等形式，可以让学生们感受红色文化的魅力，增强理想信念。

校园红色文化建设也可以将红色教育资源融入课程教学之中。在思政理论课、学生社团活动等方面，可以设置专门的红色文化教育内容，让学生们在课堂上、社团活动中了解党的历史和光荣传统，增强爱国主义情感和责任担当意识。

通过挖掘红色文化教育资源，丰富大学生的理想信念教育内容，可以让他们在接受教育的过程中逐步形成坚定的理想信念，树立正确的人生观和价值观，为实现中华民族伟大复兴的中国梦不懈奋斗。大学生是祖国的未来和希望，他们的理想信念是国家的根本力量，而红色文化教育则是培养这一力量的重要途径。

3. 提升理想信念教育效果

在高校中，将红色文化融入理想信念教育，并强化红色文化实践教育，是当前急需解决的问题。实践教育作为理想信念教育的重要组成部分，是培养学生思想道德素质和社会责任感的重要途径。通过加强红色文化实践教育，可以深入挖掘和传承红色文化的精髓，激发学生的爱国情怀和理想信念。

（1）通过开展第二课堂活动，引导学生参与红色文化实践。举办红歌竞赛、诗歌朗诵、主题演讲征文等比赛活动，可以让学生通过表演和创作的方式，深入理解和感受红色文化的内涵，增强对中国精神的认同和理解。组织学生参观纪念馆、红色革命基地等地，通过实地体验和亲身感受，加深对红色历史的了解，增强爱国情感和责任意识。

（2）开展校园实践活动。通过组织学生参与"三下乡"、暑期实践活动、支教志愿服务等社会实践项目，让学生深入到基层一线，亲身感受祖国大地的变化和人民群众的生活，增强责任意识和使命担当。在实践中，学生们可以将理论知识与实际情况相结合，进一步巩固和强化对红色文化的理解和信念。

（3）加强研学活动的组织和开展。通过组织学生参与乡村振兴、参观红色革命纪念馆等研学活动，让学生深入到红色文化的源头，深刻领会中国精神的内涵。在活动中，学生们可以与当地人民交流互动，感受中国特色社会主义道路的伟大成就，进一步增强对祖国和人民的热爱和担当。

通过实践教育和红色文化的深度融合，可以有效提升理想信念教育的效果。高校应充分利用第二课堂、校园实践活动、研学活动等平台，引导学生深入了解和感受红色文化的魅力，不断强化他们的爱国情怀和责任意识，培养他们的使命担当精神，为实现中华民族伟大复兴的中国梦贡献青春力量。

第三节　社会主义核心价值观的培育与实践

社会主义核心价值观反映了全体中国人民的共同心声，体现了社会主义社会时代精神的精华，浓缩了社会主义社会的价值理想，其表述简洁明快、通俗易懂，便于普及、易于践行，更有利于生产力发展和社会全面进步。社会主核心价值观对于提升中华文化软实力，增强中华民族凝聚力和向心力，提升党的执政能力建设都具有重大意义。

一、社会主义核心价值观的基本认知

社会主义核心价值观是居于主流地位的价值观，是与整个社会占主体地位的经济基础相适应并有助于维护促进其发展的价值选择和判断。因此，社会主义核心价值观是社会意识形态的本质体现，反映了经济社会发展乃至时代进步的必然要求，因而决定了一个社会的发展方向和根本价值内涵，这也是社会主义核心价值观与一般价值观的根本区别。与此同时，特定社会中的核心价值观在整个社会价值体系中处于主导性地位，发挥着对其他价值观引领、规范和整合的功能。

社会主义核心价值观不只是某一个方面、某一领域的一种观点和价值判断，即它不是单一的价值观，更多的时候表现为一个价值观体系。就社会主义核心价值观与核心价值体系的关系来讲，社会主义核心价值观是对核心价值体系的凝练与概括，是对核心价值体系的具体表述。社会主义核心价值观思想可以总结归纳为以下三个方面：

第一，为广大劳动人民谋取利益的价值取向。为广大劳动人民谋取利益，是社会主义核心价值观的鲜明取向。无产阶级政党把自己当作为广大劳动人民群众和工人阶级追求解放、谋取福利的有力工具，工人阶级政党除了工人阶级和广大劳动人民群众的福祉之外，没有任何自身政党的特殊利益。

第二，实现人的自由而全面发展的终极价值目标。无产阶级运动是为了全人类的解放，是为了人类当中的大多数人可以获得幸福，是为了让社会当中没有阶级的差别，也是为了建设出一个可以让人实现自由发展、全面发展的和谐社会。社会主义发展的最高价值就是实现人的全面自由发展，这也是所有社会主义国家要达到的最高理想，所以，社会主义在确定自身的价值体系需求、进行价值创造的过程中会把人的自由全面发展作为基本的指导方向，它也明确了社会主义国家未来的发展目标，这一发展目标也会在社会主义实践过程当中得到落实。

第三，唯物史观视野下的价值实现路径。未来社会人类真正自由而全面的发展不是凭空实现的，更不可能通过简单的道德或理论说教就能实现，它需要强大的生产力和丰富的物质材料支撑。

（一）社会主义核心价值观的价值目标

1. 树立"民主"核心价值观

人民当家作主指的就是民主，人类从来没有放弃对民主的追求。民主属于意识形态，它取决于经济基础。从经济制度上看，社会主义并不同于资本主义，因此二者有着不同的民主内容、民主本质和形式。

我国是人民民主专政的社会主义国家，国家的一切权力都属于人民，人民代表大会制度代表着我国由人民做主，生产资料公有制是我国社会经济制度的基础，这就意味着最大的受益者是人民。我国的生产力水平一直在进步与发展，人民有了更强的民主意识，民主的制度和形式也在不断地健全。每个大学生基本是认可我国的社会主义民主制度的，所以要不断提高他们的社会主义民主价值观，因为大学生是我国民主建设不可缺少的力量，这同时也是社会发展对大学生提出的要求。

2. 树立"法治"核心价值观

我国在党的领导下实行的是人民当家作主和依法治国。既不以人治国，也不以德治国，而是依法治国，通过法律对政治、经济、文化、社会进行管理，不随意改变国家的法律和制度，通过依法治国开启我国的法治新时代。在法治社会，除了要建立健全法律制度，还需要提高人们的法治意识，每个人都应该了解和尊重法律，学会用法律保护自己。

大学生是我国未来的希望，他们是否遵纪守法也会对我国的法治建设产生一定的影响。所以，既要让大学生了解和尊重法律，还要通过高校让大学生学法守法。将法治观念渗透到每一件小事中，从遵守纪律到遵守制度再到遵守法律，严格要求自己，让大学生有良好的法治观，进而让社会加快实现"自由与平等"，保证社会的稳定发展。

3. 树立"友善"核心价值观

要想与人友善，就要做到互帮互爱以及团结协作。当代大学生必须有团结协作的精神。社会的高速发展让每个行业都有了越来越激烈的竞争，人们只有团结协作，才能实现个人、社会以及国家的发展，因此，团队建设的重要性不言而喻、在组织大学生进行社会主义核心价值观教育时，教育者要做好安排，通过实践巩固理论，开展的各种实践活动要紧紧围绕社会主义核心价值观，发挥出团结协作的作用，让大学生意识到团结协作的重要性，进而提高他们的团结协作意识。

大学生要学会思考和解决问题，为社会贡献出自己的一份力量。提高大学生的社会责任意识，让他们感受到集体的作用与力量，并从中获得成就感和归属感，充分体会到社会主义核心价值观所展现的意义，进而领略到社会主义核心价值观的魅力所在；用社会主义核心价值观作为沟通的桥梁，团结所有大学生为实现中华民族伟大复兴的中国梦而共同努力。

4. 树立"诚信"核心价值观

中华民族素来就有诚实守信的美德。儒家提出的"仁义礼智信"就是在告诉人们怎样做人和做事，要求人们做人一定要诚信，要有君子之德。诚信是我国一直以来的美德，即便到了全球化的今天，诚信也是每个人都要做到的。我国的市场经济和社会主义要求每个人都要讲究诚信，尤其是大学生，他们肩负着建设社会主义的重要责任，所以也要遵循市场经济提出的要求。市场经济的重点在于平等、信誉和竞争，看重的是质量。因此，人要想在市场经济中求得生存和发展，就必须保证做到诚实守信，讲求信誉。

5. 确立集体主义核心价值观

从实际生活中可以发现，集体主义和个人主义之间是相得益彰的，尽管国家和集体的利益是集体主义价值观的重点所在，但这并不意味着就要完全放弃个人利益，因为集体是由个人构成的。"家"和"国"是我国从古至今一直都有的集体主义观，而中华民族正是因为继承了这种传统价值观，才能够一往无前，战胜一切困难。在社会主义核心价值观中，集体主义精神既不偏向于集体利益，也不偏向于个人利益，而是让二者达到统一，这不仅得益于我国的传统社会价值观，还参考了西方社会个人主义价值观。我国在现阶段依然坚持社会主义公有制的主体地位，实行人民代表大会制度，无论是从经济还是政治上都为确定社会主义和集体主义打下了基础。

（二）社会主义核心价值观的育人载体

数字媒体时代的到来在助力经济全球化的同时更加速了文化的全球化。这一时代背景对一个国家的民族文化、民族信仰、意识形态等方面的冲击是巨大而深邃的，这既给一个国家国民的价值观教育带来了难得的机遇，更带来了严峻的挑战。为国人构筑牢不可破的精神家园是人们抓住机遇、战胜挑战的关键所在。大学生是民族复兴的希望和栋梁，必须在高校大力贯彻实施核心价值观教育，提倡主流价值观，掌握意识形态的主导权。

社会主义核心价值观在高校的培育和践行是一项系统而持久的教育工程。这一工程的成功构建既需要继续发挥传统载体的历史优势，又需要借助新兴载体的现代功能。为此，人们必须对思政理论课、专业课、校园环境等传统载体和手机、网络等新兴载体以及大学治理因素在核心价值观教育方面的利弊得失进行仔细分析详细论证，才能让二者扬长避短，有效发挥好核心价值观的育人功能。

传统载体和新兴载体在社会主义核心价值观教育既各具优势又各有不足。校园环境、课堂教学和实践活动等传统载体为核心价值观教育提供了必不可少的教育环体和介体。它们为大学生的价值观教育既提供了理论学习的空间又提供了行为实践的平台，既提供了人格涵化的环境又提供了社会化的践行路径。数字媒体的应用为核心价值观教育提供了更丰富的教育路径、更灵活多变的教育环境、更广泛的教育空间，但它也必须克服自身存在的教育主体的"去中心化"，教育信息的"碎片化"，教育客体的"分众化"等问题。因此，只有在权衡二者利弊得失的基础上寻找优势互补的路径才能在双方显隐相补、动静相成、虚实结合中，巩固高校核心价值观教育的话语权、管理权和领导权。

1. 传统载体

教育主体、教育客体、教育介体和教育环体是实现教育活动必不可少的四要素，社会主义核心价值观教育的实现也不例外。大学校园是教育主体与教育客体活动的环体场域，而课堂和实践活动则是二者相互作用相辅相成的教育介体，这些传统载体在社会主义核心价值观教育过程中具有无可替代的作用。

（1）课堂教学——社会主义核心价值观教育中必不可少的显性教育载体。显性教育是指教育主体有意识有计划有目标地对教育客体进行直接的外显的教育，具有条件可靠、效率显著的优势。在校园里，无论是思政理论课的传授还是专业理论知识的习得，面对面的传统课堂教学都是显性教育的主要途径。无论是从知识理论科学系统的传授而言还是就教学的机动性而言，课堂这一载体都具有其不可多得的优势。

（2）校园环境——社会主义核心价值观教育中不可或缺的隐性教育载体。隐性教育是指借助教育环体、间接的教育介体等，间接地和无意识地对教育客体进行的一种内隐的教育，具有陶冶情操、渗透内化的优势。无论是校园建筑、绿化、基础设施等物质环境，还是校风校训、教风学风、管理理念、规章制度等精神环境，都是社会主义核心价值观教育"春风化雨"的隐性教育阵地。

（3）实践活动——社会主义核心价值观教育中无可比拟的社会化教育载体。社会化是指个体在与社会环境相互作用的基础上接受并认同社会价值体系、行为规范并内化于心的过程。在这个过程中既需有个体对教育活动的价值体系、行为规范、生产技能等的感受和接受，也需有个体与对应的社会环境相互作用的内化和检验。高校的实践活动将二者有机统一起来，促使大学生在从自然人向社会人的转化过程中实现了社会主义核心价值观从理论认同到行为认同的转化。

2. 新兴载体

新兴载体为高校社会主义核心价值观的培育提供了丰富生动的网络教育路径。高校的教育路径主要表现为课堂教学、专题讲座、社团活动等。显性教育的突出优势是时间集中，知识传授系统，信息传输效率高、收效快，因而课堂教学仍是高校最主要的教育路径，其主要特点就是以课堂为载体，师生面对面地口耳相授。而数字媒体的出现使教育路径变得丰富生动起来。

（1）课堂形式的多样性。在数字媒体的技术支持下出现了远程课堂、微课、慕课、易班等多种形式。相比较于传统课堂，这些课堂形式更具针对性，更能满足主体发展的层次性需求。例如，大学生可以根据自己的兴趣和需求，通过远程课堂定制学习路径；想及时突破解决课堂上的疑难点可以选择微课；需要和兴趣相投者共同进步相互提携，可以选择易班。

（2）教学内容的生动性。相较于传统课堂黑板的平面传达，数字媒体集声、光、图、电于一体，使教育信息可以立体化地形象生动逼真地呈现在教育客体面前，借此抽象的知识变得感性易懂，学生的学习积极性也被即刻调动起来。数字媒体技术下，视觉、听觉等多方面组合对大脑神经刺激的强度比单纯的听觉刺激要大得多。

（3）教育信息获取源的丰富性。网络具有汇聚功能，个体只要在搜索引擎里输入想要查找的疑难问题的关键词，就可以迅速获得与之相关的各种信息，它们或者来源于权威期刊，或者来源于专家学者的博客，或者来源于路人的转载等，个体可以根据需要在这些信息源中作出信息的取舍。

3. 传统载体与新兴载体的融合应用

（1）借力使力，显隐结合，严守校园核心价值观教育的话语权。高校思政理论课在系统的显性理论灌输掌握社会主义核心价值观的话语权方面具有不可替代的优势，其有利于帮助学生了解国史国情，全面掌握中国特色社会主义理论，增强社会主义核心价值观的理论认同。由于课堂教学方式的相对单一性，这一载体在激发学生的学习兴趣、学习热情方面明显动力不足。数字媒体这一新兴载体丰富生动的教育路径正好弥补了课堂教学这一传统载体的不足。

（2）监管并重，动静结合，增强校园核心价值观教育的管理权。校园里静置的人文景观在默默地传达着历史的凝重，这种静默在数字媒体时代遭遇到灵活多变的网络的挑战。任何事物都有其两面性，要辩证地分析网络的灵活多变：一方面，静默的人文、凝重的历史可以借助数字媒体动感十足地呈现在学生面前，增强高校人文精神的涵化育人效果；另一方面，也要注意到这种灵活性带来的泥沙具有的"碎片"信息的博杂，这种博杂混淆视听给高校的核心价值观教育和校园人文的涵化带来了危机。这就要求高校趋利避害，在加强校园网络监管的基础上，增强核心价值观教育的管理权。

外界环境是影响主流思想信息选择和摄取的基本因素，网络环境是校园环境的重要组成部分，因而校园网络环境的健康与否直接影响着大学生对主流意识形态以及社会主义核心价值观相关信息的摄取取向和摄取量。为此，必须严格加强网络监管。

高校可以利用互联网接入校园网的端口设置防火墙、信息自动净化拦截程序等，从信息源头上将一些不良社会信息屏蔽阻隔于学生视野之外。同时，还要建立网络舆情反应机制，随时对校园网内的舆情进行监管引导，掌握信息管理的主动权。这就要求高校建立一支思想过硬又精通数字媒体技术、媒介素养优秀的网络舆情监督队伍，利用微博、微信等学生热衷的交流平台随时关注校园舆情动态，制定相应的干预政策。或者链接权威媒体辟谣，或者邀请专业人士解析社会焦点，或者扮演校园网络意见领袖引发网络批判讨论，时刻掌握舆论主动权，捍卫校园网络信息管理权。

（三）社会主义核心价值观教育的内容

社会主义核心价值观教育属于实用性科学，而非纯理论性的研究，可以用来解决思想问题。大学生之所以要践行社会主义核心价值观，不仅是要体现出社会主义核心价值观的价值，还要使其与教育相结合形成一股合力，产生一加一大于二的效果。

我国从多年的改革开放中总结出了社会主义核心价值观，这是全国人民都认同的理想观念，是与时代发展同步的，充满了中国特色。社会主义核心价值观便于记忆，有着很强的凝聚性，自成体系。三个倡导分别从三个层面进行，即国家、社会和个人，对社会主义的价值目标、准则以及导向进行了明确。

1. "富强、民主、文明、和谐"

"富强、民主、文明、和谐"居于社会主义核心价值观的主导地位，为我国社会主义建设指明了方向，反映了当前我国全体人民的价值取向和理想。"富强、民主、文明、和谐"是从整体上对我国的政治、经济、文化以及社会提出了要求。国富则民强，民强则国盛，国家和人民之间有着密切的联系。这就意味着我国要加快经济与生产力的发展速度，让我国的综合国力变得更强，最终实现共同富裕。我国是人民民主专政的社会主义国家，人民才是国家的主人，应加强社会主义民主政治建设，让人民更好地行使自己的民主权利。"文明"就是要让公民具备更高的文化水平，提高自身的文明素质，让物质和精神文明实现统一，让我国成为社会主义文化强国。"和谐"就是让人与社会、自然以及人之间和谐相处，从而让人实现全面发展。从本质上看，政治、经济、文化以及社会其实是一个整体。

2. "自由、平等、公正、法治"

公民权利是受到法律保护的，每个公民都享有人身自由，国家会保证人民实现自由且全面的发展。要想建造一个自由的国家，就要提高人民的积极性，发挥他们的创造力。"平等"指的是人们在法律、机会和权利等方面都是平等的。平等是"公正"与"法治"的基础，只有实现了平等，才能保证公平正义，全面推进依法治国，才能让每个公民都具备良好的法律意识，共筑时代精神。

3. "爱国、敬业、诚信、友善"

和谐的社会、完善的制度以及富强的国家都需要高素质的人民。每个国家都需要民族凝聚力，需要自己的人民具备爱国主义精神，否则国将不国。每个人在对待自己的事业时都要有奉献精神，爱岗敬业，踏踏实实做事，认认真真做人，诚实守信，不欺不骗，以诚待人，友善共处，这样才能让人们的民族永远延续下去，活力永驻。

社会主义核心价值观从三个"倡导"出发，将价值要求通过国家、社会和个人这三个不同的层面展现出来，其中，社会和个人要以"富强、民主、文明、和谐"为终极目标，国家和个人要通过"自由、平等、公正、法治"得到进步与发展，国家和社会要以"爱国、敬业、诚信、友善"为发展前提，但这一切的落脚点还是人，人如果不寻求发展，那么一切发展都是免谈的。在对大学生实施社会主义核心价值观教育时要将这三个"倡导"看作一个整体，对其进行全面的把握，不能失之偏颇。

二、社会主义核心价值观引领思政教育的原则

（一）坚持引领与渗透相结合的原则

在现代教育中，引领与渗透的相结合成为一种重要的教育原则和方法，其主旨是通过教化和感化引导受教育者朝着教育目标转化。这种方式强调教化力和感召力，同时又注重情感关怀和思想沟通，通过两者的相辅相成和相互支撑，建立了一种以人为本的教育模式。

在教育过程中，引领和渗透的结合具有极其重要的作用。引领主要依赖教化力和感召力。教化力，是教育者通过专业知识、教学技能和良好的教师形象，对受教育者产生的影响力，它使得学生愿意接受教育者的引导，朝着教育目标前进；感召力则是教育者通过独特的教育理念、高尚的道德情操以及亲和的人格魅力，激发学生的学习热情和求知欲望。同时，渗透则主要依赖情感关怀和思想沟通。情感关怀是指教育者对受教育者的情感理解和关心，它可以使受教育者感到被尊重和被理解，进而更加愿意接受教育者的引导和教化。思想沟通则是教育者与受教育者之间的思想交流和理解，它可以帮助教育者了解学生的学习需求和困难，从而更加有效地对学生进行教育和指导。

这种引领与渗透相结合的方式，不仅可以建立教育者与受教育者之间的亲近、友好关系，产生亲和力和共鸣，促进交流和达成共识，同时还可以更好地指导学生运用社会主义核心价值观的立场、观点和方法来认识、分析和解决问题。对于学生来说，他们需要全面把握社会主义核心价值观，将方法论原则渗透进思想深处，从被动接受转变为自觉运用。

在具体的教育实践中，教育者需要结合实践工作中的新情况、新问题、新要求，积极探索核心价值观教育的新模式和路径。例如，在教学过程中，教育者可以结合当前的社会热点问题，引导学生运用社会主义核心价值观的立场和观点进行分析和讨论，从而培养学生的思辨能力和判断能力。同时，教育者还可以结合学生的个人兴趣和特长，设计富有创新性和挑战性的教学任务，引导学生主动探索和学习，从而提高学生的学习兴趣和学习效果。

实现引领与渗透相结合的教育原则和方法，需要教育者具备较强的亲和力和教化力，并且能够贯彻以人为本的教育理念。亲和力是教育者与学生建立良好关系的重要保障，而教化力则是教育者对学生进行引导和教育的重要手段。以人为本的教育理念，强调尊重每一个学生的个性和差异，关注学生的全面发展，致力于培养学生的自主学习能力和创新思维能力。

（二）坚持全员全方位全过程引领原则

随着时代的进步和历史的发展，思政教育在我国高校得到了充实和完善。特别是在中国特色社会主义背景下，高校思政教育已经形成了以大学生为主体的格局，实现了全员参与、全过程育人、全方位实施的目标。在当前的时代背景下，发挥社会主义核心价值观对大学生思政教育的引领作用至关重要。然而，为了切实做好社会主义核心价值观的培育和践行工作，必须坚持全员引领、全过程引领和全方位引领的原则。

1. 全员引领

全员引领是高校思政教育中的重要原则，它要求每一位教职员工及学校管理工作者都树立起引领育人的强烈意识和理念，并积极参与、互相配合，确保社会主义核心价值观对大学生的教育、熏陶和引导贯穿于学校的各个教育环节和工作步骤中。

（1）全员引领要求教职员工充分认识到自己在学校育人工作中的重要作用和责任。教师作为学生的引路人和榜样，应当注重自身的修养和道德品质，以身作则，用自己的言行和行为示范引导学生树立正确的价值观。他们应该积极关注学生的成长发展，倾听他们的需求和困惑，并提供帮助和指导，使学生在学术、职业和道德方面得到全面的培养和引领。

（2）全员引领需要形成学校内外的合力。学校管理工作者在组织和协调学校各项工作时，应将社会主义核心价值观作为重要的指导原则，并将其贯穿于制度建设、教育管理和学生活动等方方面面。同时，他们还应鼓励教职员工参与思政教育的实践活动，提供资源支持和培训机会，帮助他们不断提升育人水平和专业素养。

（3）全员引领要求每个教职员工都能够在工作中发挥自己的特长和优势，通过不同角度和方式来引导学生。例如，教师可以通过课堂教学、讲座和研讨会等形式，传授知识的同时注重社会主义核心价值观的培养，引导学生理解和践行社会主义核心价值观。教师则可以通过心理咨询、个别辅导和集体活动等方式，关注学生的心理健康和个人成长，帮助他们树立正确的人生观和价值观。

（4）全员引领需要教职员工之间的密切合作和团队精神。学校可以组织开展团队建设活动，加强教职员工之间的交流与合作，共同探讨如何更好地引领学生发展。通过相互学习、互相借鉴经验和分享成功案例，形成共识和共同行动，提升整个学校的思政教育水平。

（5）全员引领需要学校建立科学有效的评价机制和监督机制。学校可以制定评价指标和评估体系，对教职员工在思政教育中的表现进行评价和反馈。同时，建立监督机制，加强对教职员工的指导和督促，确保社会主义核心价值观的引领工作能够得到有效落实。

2. 全方位引领

全方位引领是指在大学生思政教育中，要求全社会形成协同改革、完善和创新的向心力，以共同开创思政教育的新格局。这一理念旨在保障大学生的全面发展，增强培育和践行工作的开放性和包容度，形成强大的凝聚力和创造力。全方位引领体现为坚持"教书育人、服务育人、管理育人"的"三结合"，并建立高效的激励、完善和引领的保障机制。

（1）全方位引领要求社会各界形成协同改革、完善和创新的向心力。这意味着不仅是教育机构和教职员工的责任，而是需要整个社会共同参与思政教育的过程。政府部门、家庭、社区、媒体以及社会组织等各方都应发挥积极作用，共同推动大学生思政教育的改革和创新。通过协同努力，可以形成共同的教育理念、目标和价值导向，为大学生提供更加全面和优质的教育环境。

（2）全方位引领要求保障大学生的均衡协调发展。在思政教育中，要关注大学生的个性化发展和多元化需求，不仅关注他们的学习成绩和知识水平，还注重培养他们的创新能力、实践能力和社会责任感。教育机构应该提供多样化的教育资源和培养机会，让每个大学生都能够得到适宜的教育引导和发展机会。同时，要注重学生的心理健康和身心平衡，关注他们的成长环境和生活条件，为他们提供良好的学习和生活条件，促进他们全面发展。

（3）全方位引领要求共同开拓思政教育的新格局，形成强大的凝聚力和创造力。思政教育不应仅停留在传统的课堂教学中，还应开展丰富多样的教育活动和社会实践。教育者应注重培养学生的思辨能力、创新精神和团队合作意识，激发他们的学习兴趣和探索精神。同时，应鼓励学生积极参与社会实践和公益活动，让他们亲身感受社会的需求和责任，培养他们的社会责任感和奉献精神。通过全方位引领，可以激发大学生的创造力和创新能力，为社会发展和进步作出积极贡献。

（4）全方位引领需要建立高效的激励、完善和引领的保障机制。激励机制是通过奖励、表彰和荣誉等方式，激发学生的积极性和创造力，让他们在思政教育中有所突破和进步。完善机制是指不断改进和完善教育体制、教育内容和教育方法，提高教育质量和效果。引领机制是通过建立科学的教育评估体系、制定指导性文件和政策文件，引导和规范教育工作的开展。通过建立这些机制，可以确保全方位引领的落地和实施，推动思政教育事业的不断发展。

总之，全方位引领在大学生思政教育中具有重要意义。它要求全社会形成共同的教育理念和价值导向，保障学生的全面发展，开拓思政教育的新格局，并建立高效的激励、完善和引领机制。只有通过全方位引领的努力，人们才能够为大学生提供更加优质、全面和个性化的思政教育，培养他们成为有道德、有责任感、有创新能力的社会主义建设者和接班人。

3. 全过程引领

全过程引领是指社会主义核心价值观的教育过程应该贯穿于大学生学习、生活、工作的整个周期和各个阶段。在实施全过程引领时，教育者需要关注大学生的个性化发展，将教育过程以人为本，增强教育的针对性和实效性。

（1）全过程引领要求教育者将社会主义核心价值观的教育贯穿于大学生的学习过程。教育者可以通过开设相关课程、组织专题讲座和学术讨论等形式，引导大学生深入理解和领会社会主义核心价值观的内涵。教育者应该注重培养学生的学术道德和学术诚信意识，引导他们秉持真实、客观、公正的学术态度，树立正确的学术追求和价值取向。

（2）全过程引领要求教育者将社会主义核心价值观的教育融入大学生的日常生活。学校可以组织丰富多彩的文化活动、社团组织和志愿服务项目，营造积极向上、文明和谐的校园氛围。教育者可以通过引导学生参与社会实践、开展公益活动等方式，让他们在实际行动中体验社会主义核心价值观的实际意义和价值观念。

（3）全过程引领还要求教育者将社会主义核心价值观的教育融入大学生的工作实践。学校可以与企业、社会组织等合作，为学生提供实习、实训和就业指导等机会，促使他们在工作实践中体现社会主义核心价值观的要求。教育者可以通过案例分析、团队合作等方式，引导学生树立正确的职业道德和职业操守，培养积极进取、负责任的工作态度和价值观。

（4）全过程引领要求教育者充分认识到教育的责任和使命，积极参与社会主义核心价值观的教育工作。他们应具备专业知识和教育技能，不断提升自己的教育水平和素质。同时，教育者还应与学校管理人员、家长和社会各界形成紧密合作，共同推动社会主义核心价值观的引领工作。

全过程引领是一项复杂而重要的教育任务。它要求教育者将社会主义核心价值观的教育贯穿于大学生的学习、生活和工作的整个过程，并关注他们的个性化发展。只有通过全员参与、全过程育人、全方位实施的方式，才能切实做好社会主义核心价值观的培育和践行工作，为大学生的成长和社会发展作出积极贡献。

第四章 高校学生管理工作的现代转型与实践

第一节 高校学生管理工作的现代转向

一、高校学生管理工作现代转向的必要性

"高校的思想政治教育工作是高校管理工作的基本点和生命线，学生是高校管理工作的主体。"①

第一，信息技术的飞速发展为高校学生管理工作带来了新的机遇。现代信息技术，如大数据、人工智能、物联网等，已经深刻改变了社会的方方面面。高校学生管理工作若能充分利用这些技术，将极大提升管理的效率和精准度。例如，通过大数据分析，可以全面了解学生的学习、生活、心理等多方面情况，从而为学生提供更加个性化、精准化的管理和服务。此外，智能化管理系统的引入，可以实现学生管理工作的自动化和智能化，减轻管理人员的工作负担，提高管理工作的科学性和规范性。

第二，全球化进程加速对高校学生管理工作提出了新的要求。随着国际交流的日益频繁，高校中留学生数量不断增加，学生的国际化背景日益丰富。如何有效管理和服务这些来自不同文化背景的学生，成为高校面临的重要课题。现代转向的学生管理工作，需要注重多元文化的融合与交流，尊重和包容不同

---

① 任宏阳. 高校学生管理工作和思想政治教育融合路径探析 [J]. 国家通用语言文字教学与研究，2022（11）：143.

文化的差异，提供具有国际视野和多元文化背景的管理服务，帮助留学生更好地适应和融入校园生活。同时，通过国际交流和合作，提升本土学生的全球视野和跨文化沟通能力，为他们走向国际舞台打下坚实基础。

第三，学生需求的多样化和个性化是现代转向的重要驱动力。当代学生不仅关注学业成绩，更注重综合素质的提升和个性的发展。传统的管理模式往往注重纪律和规矩的约束，而忽视了学生的个体差异和需求。现代转向的学生管理工作，应以学生为中心，关注学生的全面发展和个性化需求。例如，可以通过开展丰富多彩的校园文化活动、兴趣社团、社会实践等，提供多样化的成长平台，帮助学生发掘自身潜力，培养创新精神和实践能力。同时，加强心理健康教育和辅导，关注学生的心理健康和情感需求，帮助他们应对成长中的困惑和挑战。

第四，高校学生管理工作现代转向也是教育理念革新的体现。现代教育理念强调以人为本、以学生为中心，注重学生的主体地位和自主性发展。这与传统的以管理为主导的模式形成了鲜明对比。通过现代转向，高校学生管理工作可以更好地贯彻现代教育理念，尊重和激发学生的主体性和创造力，促进学生自我管理、自我教育和自我发展。例如，建立学生自治组织，赋予学生更多的参与权和决策权，让学生在自我管理中成长和锻炼。同时，加强师生互动和沟通，构建平等、和谐的师生关系，营造良好的育人环境。

二、高校学生管理工作现代转向的理论基础

（一）现代教育理论

现代教育理论强调"以人为本"和"以学生为中心"，倡导个性化教育和全人教育，注重学生的全面发展。这一理论主张尊重学生的主体地位，鼓励他们积极参与学校管理和决策过程，以促进其自我管理、自我教育和自主发展。基于这一理论，高校学生管理工作应从传统的"管理者—被管理者"模式转向"师生共建"的模式，让学生在自我管理中获得成长的机会和空间。例如，通过设立学生自治组织、开展学生参与的管理活动等，增强学生的参与感和责任感。

（二）管理科学理论

管理科学理论强调系统管理、科学决策和高效执行，注重管理的规范化、科学化和精细化。应用这一理论，可以将高校学生管理工作视为一个复杂的系统，通过系统分析、优化和集成，提升管理的整体效能。同时，通过数据驱动的管理模式，利用大数据分析和人工智能技术，优化管理决策，提高管理的精准度和科学性。

（三）信息技术理论

"高校学生管理工作中开展信息化管理有效提升了管理的针对性和实效性，同时结合学生的个性化差异设计多样化的教学方案，对教学改革和学生未来的学习具有重要的意义。"[①] 随着信息技术的飞速发展，数字化和智能化管理已成为可能。信息技术理论强调信息的获取、处理、存储和传递，以及信息系统的构建和应用。在学生管理工作中，运用信息技术可以实现管理工作的自动化和智能化，大幅提升管理效率。例如，通过构建学生信息管理系统，集成学生的基本信息、学籍管理、学业成绩、奖惩记录、心理健康等多方面数据，实现信息共享和资源整合。同时，通过数据分析，及时发现和解决学生在学习和生活中遇到的问题，为学生提供个性化和精准化的服务。

（四）心理学理论

现代心理学强调个体差异和心理发展的规律，关注学生的心理健康和情感需求。基于心理学理论，高校学生管理工作应注重学生的心理健康教育和心理辅导，帮助学生应对成长过程中的各种心理问题和挑战。例如，可以通过开设心理健康课程、提供心理咨询服务、开展心理健康活动等，提升学生的心理素质和应对能力。同时，注重建立良好的师生关系，通过积极的沟通和互动，营造关爱和支持的校园氛围，促进学生的心理健康和全面发展。

（五）社会学理论

社会学理论关注个体与社会的关系，强调社会环境对个体发展的影响。高校作为一个微型社会，学生管理工作需要考虑到社会环境的复杂性和多样性。

---

① 葛英. 高校学生管理工作信息化建设的路径探析 [J]. 科技风，2023（36）：58.

例如，全球化进程的加速、多元文化的交流、社会价值观的多样化等，都对学生管理工作提出了新的挑战和要求。基于社会学理论，高校学生管理工作应注重多元文化的融合与交流，尊重和包容不同文化的差异，促进学生的社会化和国际化发展。

三、高校学生管理工作现代转向的实践应用

（一）信息化管理平台的建设

第一，信息化管理平台能够大幅提升高校学生管理工作的效率和精确度。传统的学生管理方式往往依赖大量的纸质文档和人工操作，不仅耗时耗力，而且容易出现疏漏和错误。通过信息化管理平台，学生的基本信息、学籍管理、成绩记录、奖惩情况、出勤记录等可以实现统一管理和实时更新。各类数据的自动化处理和精确存储，不仅大幅减少了人力成本，还提高了数据的准确性和可靠性。

第二，信息化管理平台可以实现数据的共享与整合，打破信息孤岛，提高资源利用效率。在传统管理模式下，各部门往往各自为政，数据割裂，信息难以共享，导致管理工作效率低下。信息化管理平台可以将不同部门的数据集成在一个系统中，实现数据的互联互通和共享。这样，不仅可以提高各部门之间的协调和配合效率，还可以通过数据分析，及时发现和解决学生管理中的问题。

第三，信息化管理平台有助于提升学生管理工作的科学性和规范性。通过引入先进的管理理论和技术，如大数据分析、人工智能、机器学习等，可以对学生的行为和需求进行深度分析和预测，进而优化管理决策和流程。例如，通过大数据分析，可以了解学生的学习行为和规律，发现学习中的共性问题和个性需求，制定更科学的教育和管理方案。同时，人工智能技术可以应用于学生的行为监测和预警系统中，及时发现和干预可能出现的违纪行为和心理问题，保障学生的健康成长。

第四，信息化管理平台的建设还有助于增强学生的参与感和互动性。传统的管理模式往往是自上而下的，学生的参与度和主动性较低。信息化管理平台可以提供多种互动渠道和反馈机制，增强学生在管理过程中的主体地位和参与

感。例如，通过在线问卷、讨论论坛、即时通讯等功能，学生可以随时表达意见和建议，参与学校管理和决策，提高管理工作的民主性和透明度。同时，信息化管理平台还可以提供个性化的服务，如学业辅导、职业规划、心理咨询等，满足学生多样化的需求，促进其全面发展。

（二）多元化管理方式的应用

第一，多元化管理方式强调因材施教和个性化管理。每个学生都有其独特的背景、兴趣和需求，传统的"一刀切"管理模式往往难以满足这些多样化需求。通过多元化管理，可以根据学生的不同特点和发展需求，提供个性化的教育和服务。例如，对于学业成绩优异的学生，可以提供更高水平的学术资源和科研机会；对于学习困难的学生，可以提供专门的学业辅导和支持；对于心理压力大的学生，可以提供心理咨询和情感支持。通过因材施教，帮助每个学生找到最适合自己的发展路径，最大限度地激发其潜能。

第二，多元化管理方式注重综合素质的培养和全面发展。传统的学生管理往往侧重于学业成绩，而忽视了学生在思想道德、心理素质、社会适应能力等方面的发展。多元化管理方式强调全面育人，通过多种形式的教育和活动，促进学生在德、智、体、美、劳等方面的全面发展。例如，通过开展丰富多彩的校园文化活动、社会实践和志愿服务，培养学生的社会责任感和实践能力；通过体育活动和健康教育，增强学生的身体素质和心理健康；通过艺术教育和美育活动，提高学生的审美素养和人文素养。综合素质的培养，有助于学生成为全面发展的高素质人才。

第三，多元化管理方式强调学生的主体地位和参与性。在传统的管理模式中，学生往往处于被动接受管理的地位，缺乏参与感和自主性。多元化管理方式注重激发学生的主体意识和参与热情，通过多种渠道和方式，鼓励学生积极参与学校管理和决策。通过设立学生意见反馈机制，听取学生的意见和建议，不断改进和优化管理工作；通过师生互动和交流，构建平等、和谐的师生关系，营造民主、开放的校园氛围。增强学生的参与感和主体性，有助于培养其独立思考、合作共事和解决问题的能力。

第四，多元化管理方式还包括多种管理手段的综合应用。现代信息技术的发展，为多元化管理提供了强有力的技术支持。例如，通过构建信息化管理平台，可以实现学生信息的全面采集和动态管理，提高管理的效率和精准度；通过大数据分析和人工智能技术，可以对学生的行为和需求进行深度分析和预测，为个性化管理和决策提供科学依据；通过在线教育和远程辅导，可以打破时间和空间的限制，提供更加灵活和便捷的教育和服务。同时，传统的面对面交流、心理辅导和社会实践等手段，仍然在多元化管理中发挥着重要作用。通过多种管理手段的综合应用，形成优势互补，提升管理工作的整体效能。

四、高校学生管理工作现代转向的实施策略

（一）高校学生管理理念的转变

第一，现代高等教育更加强调学生的个体发展和全面素质的培养。传统的管理理念往往忽视了学生的个性和兴趣，只注重知识的灌输和成绩的提升，这种方式在一定程度上限制了学生的创造力和自主性。如今，越来越多的高校开始重视因材施教，尊重学生的个体差异，鼓励他们在兴趣爱好、特长和潜能方面得到充分的发展。

第二，学生管理的理念也从单纯的约束转向了引导和支持。现代高校管理强调的是对学生的引导、激励和支持。教师在这种理念下扮演的是导师和伙伴的角色，这种转变不仅拉近了师生之间的距离，也使得学生在校园生活中感受到更多的关怀和尊重。例如，导师制的推行让学生在学业、生活和心理方面都能得到更多的指导和帮助，从而更好地适应大学生活，克服成长中的各种挑战。通过与学生建立良好的关系，教师可以更有效地发现和解决学生的问题，帮助他们实现自我发展。

第三，家校合作的加强也是高校学生管理理念转变的重要体现。过去，高校与家庭之间的联系较为松散，家长在学生管理中的角色相对被动。现代高等教育强调家校合作的重要性，认为家庭教育和学校教育应当相辅相成，共同促进学生的成长。高校通过家长会、家校沟通平台、家庭教育讲座等形式，增进与家长的互动和合作，使家长更好地了解学校的教育理念和学生在校的表现。同时，高校也鼓励家长积极参与到学生的教育管理中，共同制订教育计划和管

理措施，从而形成教育的合力。这种家校合作的方式不仅有助于解决学生在校期间的各种问题，也为他们的全面发展提供了更多的支持。

（二）高校学生管理队伍的建设

第一，高校学生管理队伍的专业素质提升是建设的核心。学生管理工作涵盖面广，包括学业指导、心理辅导、生活管理、职业规划等多个方面。为了胜任这些复杂而多样的工作，学生管理人员需要具备扎实的专业知识和技能。例如，他们需要了解教育学、心理学、管理学等相关领域的理论和方法，掌握现代教育技术和工具，具备较强的沟通和协调能力。因此，高校应定期组织管理人员参加各种培训和进修，提高他们的专业素质和业务能力。同时，可以通过引进高素质人才，特别是具有相关专业背景和实践经验的人员，来增强管理队伍的专业实力。

第二，职业道德的培养是高校学生管理队伍建设的基础。学生管理人员不仅是知识的传授者，更是学生成长道路上的引路人和榜样。因此，他们需要具备高尚的职业道德和良好的职业素养。高校应通过制度建设、教育培训和榜样示范等方式，培养管理人员的责任感、使命感和奉献精神，确保他们在工作中始终坚持学生利益至上，尊重学生的人格和权利，公平、公正地对待每一位学生。同时，应建立健全的监督机制，及时发现和纠正管理工作中的不当行为，维护学生的合法权益。

第三，多元化背景的融合是高校学生管理队伍建设的重要方向。随着国际化进程的加快，高校的学生群体日益多元化，既有来自不同文化背景的国际学生，也有各个少数民族和地区的学生。为了更好地服务这些学生群体，高校需要建设一支多元化的管理队伍，具备跨文化沟通和管理的能力。此外，还应注重发挥校友、企业和社会各界的力量，通过多渠道、多形式的合作，共同推动学生管理工作的国际化和多元化发展。

（三）高校学生管理制度的完善

第一，科学构建制度体系是高校学生管理制度完善的基础。高校应根据自身的实际情况和学生的具体需求，制定科学合理的管理制度，涵盖学业、生活、心理健康、纪律、奖惩等各个方面。管理制度应当具有前瞻性和系统性，能够全面反映现代教育理念和管理需求。例如，高校可以通过制定详细的学业指导和评估体系，确保学生在学业上得到充分的支持和指导。同时，还应完善生活管理制度，为学生提供良好的生活条件和服务保障，确保他们在校期间的身心健康。

第二，信息技术的有效应用是高校学生管理制度完善的重要手段。随着信息技术的快速发展，高校可以利用现代信息技术手段，提高管理工作的效率和效果。例如，可以通过建立学生管理信息系统，实现学生信息的全面管理和实时更新，方便学生和管理人员随时查询和处理各种事务。同时，可以通过建立线上学习平台和交流平台，提供更多的学习资源和互动机会，帮助学生更好地进行自主学习和交流。此外，还可以通过数据分析技术，对学生的学习、生活和心理健康状况进行全面分析，及时发现和解决问题，提高管理工作的科学性和针对性。

第三，评价机制的完善是高校学生管理制度完善的重要保障。科学合理的评价机制能够有效监督和促进管理制度的实施，提高管理工作的质量和效果。高校应当建立健全的管理制度评价体系，定期对管理制度的实施情况进行评估和总结，发现问题并及时改进。例如，可以通过设立管理制度评估委员会，邀请专家、教师和学生代表参与，对管理制度进行全面评估和审议。同时，可以通过设立奖惩机制，对管理工作中表现突出的人员和团队进行奖励，对存在问题的人员和环节进行督促和整改，确保管理制度的有效实施和持续改进。

第二节　高校学生管理工作的开展与管理

高校学生管理工作是高校运行和发展的重要环节，其目的是确保学生在校期间能够接受良好的教育和管理，从而培养全面发展的高素质人才。

第一，思政教育是高校学生管理工作的核心内容之一。思政教育不仅要传授正确的政治理论和价值观，还要引导学生树立正确的世界观、人生观和价值观。这需要学校通过多种形式的活动，如主题班会、讲座、社会实践等，来增强学生的思想政治素质。

第二，日常行为规范管理是高校学生管理工作的基础。高校应制定并严格执行各项规章制度，规范学生的日常行为。包括宿舍管理、考勤管理、课堂纪律等方面的内容。例如，宿舍管理应注重营造良好的生活环境，确保学生的安全和卫生；考勤管理应严肃对待学生的迟到、早退和旷课现象，确保课堂纪律和教学秩序；课堂纪律管理则需要教师与管理人员共同努力，维护良好的学习氛围。

第三，学业指导与帮扶是高校学生管理工作中的重要环节。高校应通过多种途径，帮助学生解决学业上的困难，提高学习成绩和综合素质。例如，可以设立学业导师制度，由导师负责学生的学业指导和帮助；开展学习经验交流活动，分享优秀学生的学习经验和方法；提供学业辅导服务，针对学生在学习中遇到的具体问题进行辅导和帮助。这些措施不仅可以帮助学生提高学习成绩，还能增强他们的学习动力和信心。

第四，校园文化建设是高校学生管理工作的重要内容之一。丰富多彩的校园文化活动不仅可以活跃校园氛围，还能促进学生的全面发展。高校应积极开展各种文化、体育、科技、艺术等活动，鼓励学生参与并展示自己的才华。同时，学校还应注重校园文化的传承和创新，营造积极向上的校园文化氛围。例如，可以通过校史展览、校友讲座等形式，增强学生对学校历史和文化的认同感和归属感。

第五，高校学生管理工作还应注重信息化管理手段的运用。随着信息技术的发展，信息化管理手段在学生管理工作中发挥着越来越重要的作用。例如，可以通过建立学生管理信息系统，实现对学生基本信息、学业情况、行为表现等方面的全面掌握和管理；通过网上平台开展各类教育和管理活动，提高管理工作的效率和效果；通过大数据分析，及时发现和解决学生管理工作中存在的问题，提升管理水平。

第三节　高校学生管理工作的模式分析

"在新时代环境下，高校学生工作引入现代化企业管理中所应用的管理模式与思想理念，是现代教育管理工作未来发展的必然趋势，也是充分体现高等院校科学发展需求的重要途径。"①

一、温情化管理模式

（一）温情化管理的理念

温情化管理的基本原则包括理解、尊重和信任。这些原则要求管理者在与学生互动时，始终保持一种平等和关怀的态度。理解是指管理者应当积极倾听学生的心声，了解他们的需求和困难，及时给予帮助和指导。尊重意味着管理者要尊重学生的个性和独立性，避免过度干预和控制，给予学生充分的自主权和表达机会。信任则是建立在理解和尊重基础上的一种心理状态，管理者应当信任学生的能力和潜力，相信他们能够在适当的引导下实现自我价值。

在实践中，温情化管理强调情感教育的重要性。情感教育不仅是学生心理健康的保障，也是其道德品质和社会适应能力的重要组成部分。通过温情化管理，管理者能够营造一种安全、温暖的学习环境，使学生感受到来自管理者的关爱和支持，从而增强他们的安全感和归属感。这种积极的情感体验，有助于学生形成正确的自我认知和价值观，提升其情感素质和社会责任感。

温情化管理还注重鼓励和表扬的运用。正面的激励措施不仅能增强学生的自信心和学习动力，还能培养他们的积极心理品质。管理者应当善于发现学生的优点和进步，及时给予肯定和赞扬，使学生在不断获得成功体验的过程中，逐步建立起自信和自尊。与此同时，温情化管理强调适度的宽容和理解。当学

---

① 梁志睿.高校学生工作的精细化管理模式分析[J].文化产业，2021（30）：82.

生犯错时，管理者应当采取宽容和教育相结合的方式，帮助学生认识错误、改正错误，而不是简单地进行批评和惩罚。通过宽容和理解，学生能够感受到管理者的宽厚和仁爱，从而激发其内在的改正动力和自我提升的愿望。

此外，温情化管理倡导建立良好的师生关系。良好的师生关系不仅是教育成功的关键因素，也是温情化管理的具体体现。管理者应当以真诚和友善的态度对待学生，与学生建立起平等、信任和互助的关系。通过这种良好的关系，管理者能够更好地了解学生的思想和情感变化，及时给予指导和帮助。同时，学生在这种关系中也能够感受到管理者的关爱和支持，从而愿意与管理者分享自己的困惑和问题，共同寻找解决之道。

（二）温情化管理的内容

1. 亲情化

亲情化管理的首要内容是营造家庭氛围。管理者通过各种方式，将班级打造成一个温馨和谐的大家庭，使学生在进入学校后依然能够感受到家庭的温暖。通过营造这种氛围，学生能够在心理上获得安全感和归属感，这对于他们的情感发展和学业进步都具有积极的促进作用。在这种环境中，学生可以自由表达自己的情感和想法，感受到来自管理者和同学的关爱和支持，从而增强其自信心和幸福感。

亲情化管理还强调学生之间的亲情关系。通过引导学生树立班级是一个大家庭，同学之间是兄弟姐妹的观念，管理者可以促进学生之间的相互关爱和支持。在这种观念的影响下，学生能够更好地理解和接纳彼此，形成团结友爱的班级氛围。学生之间的亲情关系，不仅有助于提高班级的凝聚力和合作精神，还能够为每个学生提供更多的情感支持和帮助，使他们在遇到困难时能够依靠同学的力量共同克服。

此外，亲情化管理注重情感教育和心理健康的培养。在现代社会中，学生面临的学业压力和生活压力日益增加，心理健康问题也日益突出。亲情化管理通过营造温暖的家庭氛围和亲情关系，可以有效缓解学生的心理压力，增强他们的心理承受能力。管理者在这一过程中，应当关注每个学生的情感变化，及时给予关怀和指导，帮助他们保持良好的心理状态。通过情感教育，学生能够学会更好地处理情感问题，提高情商和社交能力，这对于他们未来的生活和发展都具有重要意义。

2. 友情化

（1）友情化管理模式的核心在于教师与学生之间的友谊。这种友谊并非简单的亲疏关系，而是建立在尊重、信任和理解基础之上的深入交往。教师通过与学生建立友好关系，能够更深入地了解学生的个性特点、兴趣爱好以及内心世界。这种了解不仅有助于教师更精准地指导学生的学习和发展，还能够为学生提供心理上的支持和情感上的依托，从而增强学习的动机和效果。

（2）友情化管理模式致力于引导学生树立正确的朋友观。教师不仅仅是知识的传递者，更是道德观念和社会价值观的引导者。通过与学生建立友好关系，教师可以借机教育学生如何区分真正的友谊和表面的交往，让学生意识到朋友之间应该互相尊重、支持和信任的重要性。这种教育不仅有助于学生在人际交往中培养健康的态度和行为，还有助于构建和谐的班级氛围和校园文化。

3. 温情化

（1）温情化管理模式的核心在于温和体贴的情谊。教师在与学生互动时，展现出真诚和亲切的态度，不仅仅是为了传授知识和技能，更是为了建立师生之间的信任和情感联系。通过温情化的管理方式，教师能够理解和尊重每位学生的个性特点和需求，不偏袒任何一方，以公平公正的态度对待每一个学生。这种平等待人的态度有助于提升教师在学生心目中的形象和地位，激发学生的学习兴趣和参与度。

（2）温情化管理模式通过增强学生对学校和教师的归属感和认同感，进而促进学生的学习动机和情感投入。当学生感受到教师的关心和温暖时，他们更愿意与教师合作，积极参与课堂活动和学校事务。这种情感上的连接不仅有助于教师更好地理解和支持学生的学习和发展，也为学生提供了一个安全和支持的学习环境，有利于其心理健康和社会适应能力的培养。

（3）温情化管理模式能够促进积极的班级氛围和团队精神的形成。当教师在管理班级时展现出温和体贴的特质，学生之间的相互尊重和合作关系得以加强，减少了冲突和紧张气氛的发生。这种积极的班级氛围不仅有利于学生的学习效果和学术成就，也有助于他们在社会交往中培养良好的沟通能力和团队协作精神。

4. 制度化

（1）制度化管理提供了明确的行为规范。通过制定详细的班规和纪律要求，学生能够清晰地了解在学校和班级中的行为标准和要求。这种明确的行为规范，有助于学生在日常生活中自觉地遵守纪律，养成良好的行为习惯。此外，制度化管理还能够有效地防止和减少违纪行为的发生，维护班级的秩序和安全，为学生创造一个良好的学习环境。

（2）制度化管理强调公平和公正。通过统一的规则和标准，管理者能够在处理学生事务时，做到公开、公平、公正。这种公平和公正的管理方式，不仅有助于树立管理者的威信和权威，还能够增强学生对管理者和班级管理的信任和支持。在这种管理模式下，学生能够感受到制度的严肃性和约束力，从而更加自觉地遵守班规和纪律，促进班级的团结和谐。

（3）制度化管理注重科学性和合理性。在制定和实施班规时，管理者应当充分考虑到学生的年龄特点和心理需求，确保制度的科学性和合理性。通过合理的制度设计，管理者能够有效地引导和规范学生的行为，促进其健康成长。同时，科学合理的制度还能够增强学生的规则意识和自律能力，使其在未来的生活和学习中，更加自觉地遵守社会规则和法律规范。

5. 随机化

（1）随机化管理模式的核心在于灵活性和个性化。教师在这种模式下不会过度强调统一的规则和要求，而是倾向于根据学生的个体特点和兴趣爱好，采取灵活的教育方法和支持策略。这种个性化的管理方式有助于激发学生的内在动机和学习兴趣，使他们能够在学习过程中表现出自己的特长和潜力。通过允许学生在班级中展示和发展个人兴趣，随机化管理模式不仅鼓励了学生的自我探索和成长，还增强了他们的学习参与度和投入感。

（2）随机化管理模式强调对学生兴趣爱好的积极支持和鼓励。教师在管理班级时应当充分理解和尊重学生的兴趣多样性，鼓励他们发展自己感兴趣的领域和特长。这种支持不仅有助于增强学生的自尊心和自信心，还能够培养他们在学术和非学术领域的综合能力。通过在班级管理中注重个性化和灵活性，教师能够有效地激发学生的学习动机，推动其全面发展和成就。

（3）随机化管理模式对班级氛围和团队精神的培养也具有积极影响。通过给予学生在兴趣发展上的自由空间和个性化支持，教师可以促进学生之间的相互理解和合作，减少人际冲突和竞争压力。这种积极的班级氛围有助于形成良好的学习氛围，提升整体教育质量和学校文化的发展。

（三）温情化管理的方法

1. 行为关怀

行为不仅是一种表达方式，更是对教育理念和价值观的实际践行。教师在管理学生时，通过行为关怀展示出对学生幸福感的关注，这不仅体现在日常的行为举止中，更体现在教学和管理的方方面面。温情化管理通过细致入微的行为关怀，促进学生的心理健康和学业成就，使他们在学习和成长过程中感受到来自教师的支持和鼓励。这种管理方式不仅有助于建立师生之间的信任关系，还能够激发学生的学习动力和自我发展的潜力。通过行为关怀，教师能够在教育实践中创造出积极向上的学习氛围，推动学生在情感、认知和社会层面的全面发展，从而提升他们的幸福感和整体的学习体验。

2. 语言关怀

语言不仅是信息传递的工具，更是情感表达和人际关系建立的核心。教师在与学生交流时，通过鼓励性、赏识性、尊重性和关怀性的语言表达，体现对学生的关心和支持，这种方式有助于建立积极的师生互动关系。鼓励性的言辞能够激发学生的自信和学习动力，赏识性的言辞则能够认可学生的努力和成就，尊重性的言辞体现了对学生个体尊严的重视，而关怀性的言辞则传递出对学生整体发展的关注。通过这些言辞的选择和运用，教师能够有效地增强学生的情感认同感和学习动机，促进他们在学业和社交方面的积极发展。因此，语言关怀不仅仅是一种教学策略，更是教师与学生之间建立信任和共鸣的桥梁，有助于营造良好的学习氛围和教育环境。

（四）温情化管理的模式

1. 温情接触

新生入校，面对这个陌生而又期盼已久的环境，他们急需有一个能够接纳自己的人来缓解心中的兴奋和迷茫，作为教师应第一时间出现在学生面前，欢迎他们的到来并送上真诚的祝福，陪同他们了解即将开始生活的校园，这样简单的接触就会使学生感受到被尊重、被理解、被关心。

2. 温情关怀

（1）从学习上关怀。要注重培养学生良好的学习习惯，帮助其掌握正确的学习方法。对于一些因学习方法不当而成绩比较差、考试不及格的学生，一方面鼓励其抓住下次补考的机会，另一方面要善于发现他们身上的特长，帮助他们改进学习方法，提高学习效率。

（2）从生活上关怀。经常深入到学生中去，了解他们在生活上有什么实际困难，并在力所能及的范围内帮助解决。有些学生因家庭经济困难，无力支付其大学期间的学习及生活费用，这时作为教师要认真了解国家、学校对贫困学生进行经济资助的各项政策，让每一个困难学生都能享受应有的资助，使学生以积极乐观的心态顺利完成学业。

（3）从心理上关怀。有些学生在社会实践、就业择业过程中会遇到挫折，心理会承受巨大的压力，这时教师要帮助学生克服内心深处的失落感、孤立感和无助感等。

3. 温情鼓励

温情鼓励不仅是简单的表扬，而是一种精心设计的教育方法，能够及时、精准地反馈学生的每一个进步和努力。这种肯定和赞扬不仅增强了学生的自信心，还激励他们更加勤奋地投入到学习和成长中。特别是在大学新生入学阶段，他们通常充满热情，但也容易迷失方向，此时教师的温情鼓励显得尤为关键，能够稳定他们的情绪，指导他们选择适合自己的团体活动和社会实践，从而全面提升他们的综合素质和成长能力。

通过温情鼓励，教师不仅是实现了教育管理的技术目标，更是在心理上给予学生充分的支持和关爱，建立起师生之间密切的情感联系和信任基础。这种管理模式不仅有助于学术成绩的提高，还培养了学生的社会适应能力和自我管理能力，为他们未来的发展奠定了坚实的基础。

4. 温情教导

大学生处于一个既要面对学业压力，又要处理个人成长和自我发现的阶段。在这个过程中，他们难免会犯错，面对各种诱惑和挑战。教师在面对犯错的学生时，应以关心、爱护和帮助为出发点，展开温情教导。这种教导不是简单的责备和批评，而是一种建设性的反馈和引导。通过温情教导，教师能够理解学生的处境和挑战，不仅纠正错误，更重要的是帮助学生从中学习、成长和改善。

温情教导的核心在于建立师生之间的信任和理解，通过正面的语言和态度，传递给学生正确的价值观和行为规范。教师不仅要教授学术知识，还要在道德、品德和社会责任等方面进行教育，引导学生在成长过程中保持良好的心理状态和积极的学习态度。

此外，温情教导还包括对学生心理健康的关注和支持，帮助他们建立自信、自尊和自律的能力。通过温情教导，教师能够与学生建立起良好的互动关系，促进教学效果的提升，使教育真正成为学生全面发展的重要支持。

二、人格化管理模式

所谓人格化管理就是在管理过程中充分注意人性要素，以充分挖掘人的潜能为己任的管理模式。人格化管理是一种"以人为本"的管理方法，它的实质在于充分尊重和理解被管理者的个性和创造才能，充分调动他们的主动性、积极性、创造性，并使其更好地投入工作中，更有效地实现组织目的。至于其具体内容，可以包含很多要素，如对人的尊重，充分的激励，给人提供各种成长与发展机会等。

（一）人格化管理模式的意义

现代的人才需要更多的能力和较高的素质，肩负着更多的使命。例如，要具备强烈的社会责任感，要树立明确可行的生活目标，要具有学习能力、创新能力，以及不断适应时代需求的能力等。人格化的管理模式注重对大学生内涵的培养，巩固、发扬已形成的良好的内涵，革除不好的甚至是劣质的品质，这对于大学生的成长和大学文化的繁荣都有重要意义。

（二）学校人格化管理的实施

学校人格化的管理工作要从三方面实施：①强化规章制度的管理；②确保具有良好的学习环境和学习氛围；③形成良好的精神风貌。学校人格化管理属于学生管理的高级层面，掌握着整体的动态，起着统筹、规划、指导的宏观作用。

班级、宿舍作为学校管理的基层单位，起着非常重要的基础作用。基层人格化管理要从以下方面努力：

1. 个别学生发挥人格力量

在一个班级中，总会有在领导方面有突出能力的学生，这些学生的人格力量影响着班级人格化管理。他们人格力量的发挥会引导、带动其他学生，对班级人格化管理起到调动作用。但人格力量又有积极、消极之分，积极的人格力量会对班级和其他学生起积极作用；反之，会带来消极的影响。因此，学生人格力量的发挥需要教师的控制，教师要把握尺度，引导、鼓励积极人格力量的传播，化解消极人格力量带来的不良影响。

2. 宿舍人格化管理要注重细节

教师要选那些热心、负责任、宽容大度、积极为同学办事的学生担任宿舍管理员，借助他们的能力管理宿舍，用他们的行动感染宿舍的其他学生；还要建立良好的宿舍环境，搞好宿舍卫生，形成和谐的舍友关系，创建多彩的宿舍文化等。宿舍人格化管理的形成为其他方面的人格化管理奠定了基础，为学生的生活创造了良好的环境。

3. 教师、辅导员等教育工作者发挥人格魅力

对学生尤其是新生而言，教师、辅导员等教育工作者代表着权威，在他们心中占据着特殊的地位。学生对他们崇拜的教师、辅导员会特别尊敬并存在模仿的现象。辅导员是班级人格化管理的组织者、策划者、调控者和实施者，教师则是管理最主要的辅助者，这两者在班级人格化管理中发挥着重要作用。因此辅导员要树立良好的工作态度、生活态度和办事作风，以便更好地感染学生；教师要有严谨的治学态度，感染学生树立良好的学习态度和工作态度。教师和辅导员要给学生树立榜样，促使班级人格化管理向良好的方向发展。

三、制度化管理模式与人性化管理模式

（一）制度化管理模式的内容

制度化管理是指以科学的规章制度对人们的行为进行管束的机制。它主要依靠外在的科学理性来进行管理。制度化管理是在机器生产时代产生的，在高校的制度化管理中，学校制定了严密的规章制度以约束学生的行为，让学生减少了思想行为的散漫性、无纪律性，从而营造了一种公开透明的环境，这可以保证课堂教学的有序进行。

任何组织或团体在开展工作时均需要借助一定的制度进行管理和指导。缺乏制度化的管理，是导致企业、单位或其他组织产生管理混乱的根源。制度化的高校学生管理与制度化的企业管理存在一定的相似性，涵盖以下内容：

1. 管理规章制度

高校学生管理的制度化需要设立科学、有效的管理规章制度，学生的管理工作必须基于一种合法的制度开展，并严格履行规章制度中的有关内容。高校学生管理的制度化需要充分考虑学生的具体需求，制度的建立要有助于实现高校学生的自我价值。

2. 严格的执行制度

在高校学生管理的相关制度制定完成以后，高校需要严格执行。若仅以制度制定为目标而不落实到执行层，则高校学生管理的制度化就是表面功夫，只能成为空谈。

（二）人性化管理模式的内容

第一，人性化管理强调满足学生的多层次需求。依据马斯洛的需求层次理论，学生不仅需要基本的生理和安全保障，更需要社交、尊重和自我实现的满足。管理者应当关注学生的身心健康，创造安全和谐的校园环境，提供丰富多彩的社交活动，营造尊重和信任的氛围，激励学生追求卓越，实现自我价值。通过满足学生的这些需求，可以有效地提升其学习动力和生活满意度，从而促进其全面发展。

第二，人性化管理强调以人为本的管理理念。在教育管理中，管理者应当

尊重学生的个体差异，关注其个性发展和特殊需求。通过个性化的教育和管理措施，帮助学生发挥其潜能，培养其独立思考和自主学习的能力。同时，管理者应当以关爱和包容的态度对待学生，建立良好的师生关系，增强学生的归属感和信任感。这种以人为本的管理理念，不仅有助于提升学生的学习效果，还能够促进其人格的健全发展。

第三，人性化管理注重培养学生的社会责任感和集体意识。现代社会对人才的要求不仅局限于专业知识和技能，更强调社会适应能力和团队合作精神。通过人性化管理，管理者应当引导学生树立正确的价值观和社会责任感，培养其团队合作和社会参与意识。这不仅有助于提升学生的综合素质，更能够为其未来的职业发展和社会融入打下坚实的基础。

（三）制度化管理和人性化管理结合的模式

制度是维系高校学生正常的生活、学习的基本规范，理解制度化管理和人性化管理要注意两个方面：①制度对所有学生都一视同仁，所有学生都要遵守学校的规章制度；②在学校制度的严格要求下，对学生的基本权利有一定的保障作用，对学生的积极创造性也有激励作用，也就是说学生的权利要靠制度来保障。制度的两大功能就是建立在对人性优点和弱点的把握之上的。一方面，它保障了人性中优点的发扬；另一方面，它也约束着人性中弱点的泛滥。通常情况下，学生更在意制度的约束管教功能而忽略了制度的保障保护功能。因为制度的外在表现形式就是硬性约束，而因约束进而得以保障的那些内容，不容易被察觉，这也是学生常常认为学校的制度化管理缺乏人情味的主要原因。

高校在制定学校的相关管理制度时应该向全校教职员工征求意见，在制定制度的过程中，学校领导应呼吁广大教职员工积极参与，以确保制度制定后能代表广大师生的意愿，更好地服务于教育教学活动。具体表现在，在学校重大的制度制定之前，负责该事项的校领导干部应先征求师生意见，而后收集整理，再拟定制度的草稿，随后在教职工大会上展开充分的讨论，最后根据讨论的结果对草案进行修改整理。这样制定出来的制度才容易得到教职员工的认可，也体现了学校的人性化管理，让制度化和人性化管理结合在一起。

制度化管理与人性化管理二者并不是互相对立的，二者是相辅相成的。在高校管理实践中，制度化管理和人性化管理互相配合，更有利于为学生创造一个良好的外部环境。人才是 21 世纪最重要的生产力，只有把制度化管理和人性化管理高效和谐地统一起来，才能为我国的现代化建设培养出更优秀的人才。人性化管理的实质就是更高层次的制度化管理。只有在坚持人性化管理原则的前提下，进行严格的制度化管理才能取得良好的效果。制度化和人性化在高校的管理过程中是一对既对立又统一的结合体，制度化有一定的刚性，而人性化有一定的柔性。在高校的管理上，应该刚柔并济，如此才能取得满意的成果。

（四）制度化管理和人性化管理模式的融合发展

1. 公平、公正地执行制度

相关制度的实施需要确保其公平、公正，公平、公正地实施学生管理制度不但可以确保制度的有效实施，还体现了学生管理制度的人性化。因此，只有确保学生管理制度公平、公正地实施，才能充分保障学生的合法权益，同时该部分也是人性化管理的集中体现。因此，想要有效地实现学生管理的制度化和人性化的融合，需要将公平、公正地执行制度作为首要条件，以此来确保制度的有效实施。

2. 合理地建立管理机制

在高校的实际工作中，想要真正意义上实现学生管理的制度化和人性化的融合，需要在制度建立的前期进行铺垫。高校在制定学生管理制度时，可以有意地将人性化关怀融入制度之中。因此，高校想要有效地实施学生管理制度，就需要建立完善的制度化和人性化管理机制，它们是学生管理制度能够健康持续发展的基础。

第五章　高校学生教育管理工作的规范化发展

第一节　高校学生教育规范化管理工作机制的背景、需求及意义

一、高校学生教育规范化管理机制的背景

（一）高等教育大众化对教学管理提出新课题

1. 大众化阶段的高等教育质量与管理密切相关

高等教育实现大众化以后，办学层次的结构发生了巨大变化，发展即刻面临着一系列的战略性课题，其中之一便是由高等教育的教学质量引发的高校管理问题。

高等教育在经历了量的增加（规模扩大）之后，其结构特别是高校办学过程中的"内部活动"也要产生变化。大众化高等教育的发展，是为了使高等教育的体系结构更加优化而适应社会发展的需求。既然精英教育和大众化教育可以共处于一个高等教育体系中，甚至共处于一所大学，特别是规模增加带来了教育制度和结构的变化，那么高等教育大众化自然会促使高等教育以及大学的"内部活动"产生变化。这种变化中一个最重要的因素，即是高等教育质量观及实现这一质量观过程中的教学管理。与单一的精英教育时期相比，这一因素会产生根本的不同。

高等教育自身结构的变化必然会要求与新的运行结构相适应的办学体制和管理体制，对于学校内部来说，也就必然使高等教育的教学管理问题成为大众

化发展过程中的关键性热点。如何在高等教育的大众化发展过程中加强管理，教学管理应该如何适应学校规模扩大以后的新情况、新问题，以及教学管理在学校办学中的地位、意义和内在规律会发生怎样的变化等，对这一系列问题的研究自然会被提上管理者的议事日程。

教学管理作为学校管理的重要组成部分，直接影响着教学工作的发展和教育质量的提高。特别是在大众化发展过程中新建的本科院校，亟须从办学理念上提升本科意识，从管理上规范教学环节和运行机制，制定和健全完善各项规章制度。从教学主体的角度讲，包括教师的教学水平、管理人员的岗位职责以及学生学习行为的养成等，都会有一个思想观念和行为意识上的转变过程，而这种转变的成效大小和时间快慢则与管理工作的运行状态直接相关。因此，本科院校要适应我国本科教育发展的需要，最关键的是根据学校的实际情况，立足于新的办学形势和目标任务，规范和强化教学管理。

特别是地方本科院校，大多是在专科院校的基础上经过合并升格而成的（简称"升本"），高等教育大众化的时代要求，在事实上造成了它们跨越式的发展状态。表现在教学工作中则是原有的专科教育资源，特别是管理人员和师资力量，大多都没有经过专门的进修或培训即直接接手本科教育的管理与教学工作，致使教师的业务水平和管理人员的管理水平一时很难适应本科办学的需要。要完成学校由专科教育办学模式向本科教育办学模式的跨越式发展，教学管理就必须先完成自身的由专科向本科的真正转型，进而形成一种适应本科教育教学需要的、富有激励作用和竞争活力的、协调有序的运行机制。惟其如此，才能保障本科院校办学水平和教学质量的不断提高。

2. 大众化是高等教育适应社会发展的必然选择

教育体系是社会体系的一个重要组成部分。改革开放以来，我国确立并完成了全面建成小康社会的阶段性目标，我国的社会体系发生了根本性的变化。多类型的、不同规格的人才培养，显然不是单一的精英教育 ① 能够胜任的，而

---

① 精英教育：旨在培养高潜力青少年人群的精英意识与能力的教育方式。例如高等教育的公认标准：适龄人口入学率在 15% 以下者称为精英教育，入学率在 15% 以上至 45% 以下者称为大众化教育。

是要由不同层次、不同类别的高等教育共同完成。因此，打破传统的精英教育单一办学的体系结构，使我国高等学校的办学体系更加适应社会发展的需要，培养更多的适应社会需求的专门人才和高素质的劳动者，便成为我国高等学校发展的迫切任务。进入 21 世纪后快速发展起来的新建地方本科院校和众多的高等职业学院，便是适应这一战略决策而建立的。

（二）教学质量观急需教学管理改革创新

1. 强化管理的最高境界是管理的规范化

高校扩大招生规模以后，高等学校的在校生人数急剧增加，师资力量和其他办学条件难以及时跟上，这一现实迫使人们认真思考如何保证教学质量的问题。在其他办学条件特别是硬件建设难以随即跟上的情况下，为保障大众化发展过程中的高等教育教学质量，国家教育行政部门及时提出了强化教学管理的一系列措施。这充分说明了高等教育进入大众化阶段以后，国家对提高教育教学质量空前重视。而要提高教育教学质量，除了加强教育投入，进一步重视高等学校的硬件建设之外，强化教学管理也起着举足轻重的作用。

高等学校是探索新知识、寻求新发现的地方，不论是教师在教学上的不断追求，还是学生在学习上的个性发展，都需要一个不同学术观点平等竞争、和谐共存的文化环境。正是在这个意义上，才特别提出了加强教学管理队伍建设，加大新形势下教学管理规律的研究，不断提高教学管理水平的要求。总之，要使教学管理适应新的办学形势的需要，就必须注重教学管理的规范化建设，使教学管理走向科学、规范。

规范是科学管理的前提条件，符合本科教学规律的教学状态的形成需要经过一个艰难的过程，真正使教学工作的每一个环节、每一个层面既符合人才培养的内在规律，又能做到管理规范、有章可循，从总体上达到规范化管理的目标，不是一蹴而就的事情。从这个意义上说，本科院校在教学管理方面面临的任务是繁重的。

从本科教学自身的规律来说，本科院校不能盲目地依照纯粹的理论逻辑办学，而必须从自我的实际情况出发。特别是在大众化进程中形成的生源结构日趋复杂的现实面前，本科院校在具体的教育教学过程中既不能将规范大而化之，更不能在教学管理上实行无为而治。因为一些老校、名校的办学实践充分证明，只有当"规范"成为行为主体的自觉意识的时候，才能真正实现教学过程中的那种"无为"而"无不为"的状态。具体到大众化的办学现状，特别是从本科院校目前的情况来看，大多还仅仅处于本科教学规范的初建阶段，如果从科学管理的角度考察，许多地方还无章可循。而就教学运作机制来说，无论是行为主体之间的竞争，还是行为过程中的约束，抑或是不同层面和环节间的相互协调，都需要在一定的规范下才能正常地进行。否则，一旦客观规律被一时的主观情绪甚至偏见所取代，就会使整体的运转程序受到破坏，进而直接影响到质量目标的实现。

因此，对于本科院校来说，在明确了办学定位和人才培养目标的基础上，教学基本建设就成为一项重要任务，其中，教育教学管理的规范化建设作为教学基本建设中的基础性建设，是至关重要的环节。

2. 管理创新是高等教育面临的共同任务

如果说教学质量是高校生存和发展的生命线，那么教学管理则是维持和扩展这一生命线的重要保证。大众化理论的显在层面表现为高等教育规模扩张、适龄学生入学比例增加等数量方面的变化，而它的内在意义却体现为由高等教育本身结构的调整优化所造成的事物性质的变化。作为高等教育发展过程中的一种预警理论，大众化理论的一个重要意义是提醒人们，当高等教育规模达到一定的发展目标之后，就必须及时调整包括教学管理在内的办学理念、质量观念、培养模式和运行过程的方法手段等。而这一切落实到办学实践中，都必须通过教学管理才能实现，所以随着大众化的不断发展，教学管理需要不断更新理念、调整模式、强化机制和提升水平。

随着高等教育大众化进程的不断深入，高等学校在人才培养、教学活动、教学计划管理，以及学科、专业、课程、教材、实验设备和图书资料建设、学风教风、教学队伍和管理制度等方面，与单一的精英教育时期相比，都会产生很大的变化。清醒地认识到这一变化，自觉地适应这一变化，认真研究大众化时期高等教育的结构特点，探讨不同规格、不同类别的人才培养的教学管理规律，提高学校的办学水平和教育质量，自然就成为大众化时期高等教育教学管理必须高度重视的新课题。

教学管理的最终目的是保证和提高教学质量。随着我国高等教育大众化进程的逐步深入和不断推进，高等学校的办学体系和办学层次日益多样化，加之社会对人才多样化的需求和生源的复杂化，就必然催生出大众化时期的全面质量观和多元质量观。社会不再以最后的评测质量和单一标准的内部质量来评定人才的培养质量。在这种情况下，如果教学管理仍然停留在精英教育时期的指导理念和运行模式上，自然就不能适应高等教育发展的需要。

事实上，伴随着高等教育大众化进程的不断深入，社会外界与高校之间原有的相对单纯的对应关系逐渐被复杂的多样化关系所取代。在社会对高校毕业生的需求和选择方式发生根本性变化的同时，社会上的各种观念和现象对高校教学的影响也越来越强，这势必对学生的学习和教师的教学造成复杂的影响。特别是处在多层次高等教育体系中的本科院校，它们是为适应我国高等教育的发展和社会需求而建立的，有自己的办学定位和人才培养规格，应该结合自身的办学实际，在传统大学研究型人才的学术质量观、对应市场行业需求的技术质量观和基于学生自我素质发展的人本质量观的多维度之间，找准学校的办学坐标，用系统的、全面的、辩证的眼光来研究自身的人才培养质量，以开放的、多样化的质量观来指导办学实践。

本科教育必须树立开放的宏观质量意识，以社会需求为导向，树立优势，赢得先机，面向市场，打造品牌。只有如此，才能真正使办学质量符合社会的需求。而以上涉及的整个过程，都需要管理的改革来予以保障。具体到人才培养质量的实现过程来说，教学管理必须以人才培养的结构目标为基础，随着多样化和多元化质量观的变化不断地进行主动性的体系建构与调整，这样才能适应高等教育大众化的发展需要，使人才培养质量真正符合社会不断发展和市场不断变化的需求。

二、高校学生教育规范化管理机制的需求
（一）强化管理，促进应用型教育形成自身优势
1. 提高管理水平、追求管理实效性是当务之急
教学管理涉及学校整体工作的各个方面，体现于教学和服务活动的全过程。

按照管理学的基本观点，一所学校的办学水平和教育教学质量最终取决于教学与服务的过程质量和运转效能，从这个意义上说，一所学校管理水平的高低直接制约着学校的发展水平。

管理水平的高低取决于管理理念的选择。从管理所蕴含的组织、目标、资源和效率这四个要素的角度分析，组织作为管理活动所依附的载体，从表现形式上看是根据不同的管理理念体现出不同的结构特征，目标决定着管理活动的方向，资源是管理活动赖以运行的依靠和基础，效率是管理活动所要追求的结果，它们之间的有机结合和运转效能都与管理理念有直接的关系。

先进的管理理念能够使组织机构更加符合事物发展的规律，使目标更明确，资源更能充分发挥应有的作用，管理的结果更有成效。具体到本科教育来讲，要提高管理水平、追求管理的实效性，必须确立先进的管理理念，因为只有在先进理念的指导下，才能使组织、目标、资源和效率等因素之间形成有益于办学定位和发展方向的优化关系，进而提升管理水平和管理效益。在管理目标和组织结构确定之后，从管理资源的角度分析，管理队伍的结构状况和管理人员的理论素养、知识水平以及科学管理能力，对于提升学校全面质量管理的水平和效率有着重要的影响。

从目标管理的角度讲，以人才培养目标为中心的质量结构目标就在很多方面涉及培养过程环节中的管理水平，这些环节的管理水平又会从根本上制约本科院校的办学水平。从人才培养的质量目标结构分析，无论是适应本科院校办学定位的人才结构和培养模式，还是与这一培养模式相对应的教学计划和课程设置改革方案，抑或是根据教学计划和课程方案规定的教学环节的质量标准，都必须以学校现有的教学条件和教育教学能力为基础。教学条件和教学能力，不仅包括人力资源、环境资源和其他硬件建设，更重要的则是在组织教育教学过程中的运行机制、管理模式和规章制度等方面的建设。本科院校要提高管理水平，不断增强教学管理的实效性，必须强化与办学定位和发展目标相适应的管理理念，进而在正确观念的指导下，以人力资源的开发为核心，充分利用学校内外的环境条件，积极开发物资资源潜力，以形成教育教学管理机制和模式的优化选择与构建。只有这样，才能以管理水平的提升促进教学质量和办学水平的提高。

在正确选择管理理念的基础上，不断提高管理人员的综合素质便成为至关重要的问题。对于本科院校的管理人员来说，随着办学层次和人才培养规格的变化，不但存在着如何提高管理理念的问题，而且在相当一段时间内还存在着如何提高岗位技能的问题。工作岗位技能是制约工作效果的主要因素，这种工作岗位技能体现在能力和基础两个方面。因此，提高本科院校的教学质量管理水平，在依据办学实际确立先进的管理理念的基础上，必须以培养高质量的人才为教育目标，全方位地落实教育教学质量实现过程中所涉及的运转环节和工作岗位，依照高水平的技能需求制定岗位职责要求，明确岗位考核标准。

2. 强化管理是提高教学质量和办学水平的保障

（1）本科院校中的名校或是老校在长期的办学实践中都不同程度地建立起了自己的管理规范，特别是那些在中国高等教育发展史上久负盛名的百年老校，其在发展过程中形成的优良传统和校风使日常教学运行机制在操作层面上甚至能实现"无为无不为"。而新建的本科院校则与此完全不同，它们适应举办本科教育的规章制度大多都在初步制定和建立的阶段。

（2）大众化的高等教育与精英教育有所不同。在短短的几年时间内，我国本科院校增加了三分之一多，当高等教育的招生规模实现了历史性突破以后，本科教育办学结构和培养目标也随之发生了根本性的变化。新建本科院校与名校、老校之间在学生来源上的差别，两相比较，前者更需要从事业、理想、人生定位和职业前途等方面对入校学生进行教育，更需要靠一定的规范管理和控制手段来激发其学习的积极性和能动性。

（3）由于"升本"后的师资建设和扩大办学规模的需要，新建本科院校近年无一例外地都集中引进了大批的年轻教师。从整体上说，只有加强管理才能更好地促进每个阶段的加速转化。

从教师教育专业化的角度讲，合格的现代教师只有专业知识是不够的，在基本专业知识达标的情况下，一位教师的基本素养便显得至关重要。因此，在满足基本专业知识要求的基础上，更需要采取多种措施使年轻教师在真正意义上成为学高为师、身正为范的高品质教育者，使他们不但有较高的知识水平，而且有适应高等教育发展需要的专业精神、专业态度、使命感、责任感以及教师的职业认同感、职业效能感等。

（二）创新管理，促进应用型教育形成办学特色

1. 实施以全员岗位为内容的过程管理模式

实施全过程全方位的教学质量管理原则，是以全体教职工共同参与为基础的。从实质上说，教学工作运行的每一个过程对人才培养的最后质量都起着决定作用，人才培养过程的每一个环节的每一个层面都会影响到教育教学质量的最后形成。所以，要从根本上保障人才培养质量和办学水平不断提高，涉及教育教学运转过程中的每一个环节以及参与这些环节的每一位成员。与一般产品质量的实现过程不同的是，在人才培养质量形成的过程中，学生作为特殊的产品，其主观能动性在过程方法中同样起着至关重要的作用。

本科院校应该继续发扬从严治教、严师出高徒的优良教育传统，面对新的人才培养层次和类型，采取强有力的措施，加强校风、教风和学风建设，努力形成积极向上的校风、敬业乐教的教风和学而不厌的学风，围绕既定的人才培养目标结构，创造有利于人才综合发展、个性发展和自由发展的校园环境。在总体上，坚持能力为重，优化知识结构，丰富社会实践，强化能力培养，制定人才培养过程环节中不同岗位的质量责任，使质量标准真正落实到人才培养的整个运行过程之中。

具体到人才培养的教学实践，所谓全过程全方位的质量管理原则，即是将各级各类人员都纳入培养高素质的人才的统一管理规范中来。根据大众化发展过程中的市场竞争规律，本科院校必须强化这样一种管理理念和意识：全体教职工的质量意识和责任感是教育质量得以保证并不断提升的前提。为了实现全过程全方位的质量管理运作规范，要让全体教职工明确教育质量是一所学校生存和发展的生命线，而教学工作则是学校其他一切工作存在的前提。所以，学校里的一切工作只有围绕人才培养质量目标这个中心运行，才能最终实现自身的价值。

教学工作是高等学校经常性的中心工作，只有全体教职工都明确了教学工作的重要性，做到人人重视教学，从根本上认识到做好本职管理工作与提高教

学质量的利害关系，主动将自身工作纳入更好地服务于教学、更好地服务于学生的过程中，才能真正形成全过程全方位的教学质量管理机制。

全过程全方位的教学质量管理机制，其特色是能够将人才培养的过程质量落实到具体教学环节的岗位职责上。对于以培养人才为主要任务的本科院校来说，这是保障培养质量、提高办学水平、增强市场竞争力的基础，因为提高教育质量涉及学校的每一个部门，直接或间接地关涉与教学有联系的每一项工作。按照过程管理的原则，人才培养过程中的每一个环节的工作质量都会直接影响和制约最终的人才输出质量。因此，保障和提高学校的教育教学质量必须从全体教职工的本职工作抓起。

教师作为教育教学的主体是首当其冲的。然而，从教育教学过程管理的角度讲，教师的职业境界和精力投入在某种意义上对人才培养质量所起的作用更大。与此同时，要想使教师的精力投入取得最佳的办学效益，更为重要的是要强化各类管理人员的岗位职责，使不同岗位的管理人员都能通过自己的工作促进教学管理的有效、高速运转。

2. 构建以人才培养质量为中心的管理形态

特色是体现学校独特性的因素，从价值判断的角度说，特色代表着事物的特长和优势；从哲学的高度分析，特色标志着系统的最优结构方式和演化方向；从教育的内部规律讲，只有具备特色的教育才能够适应不同的学生，促进学生的个性发展，才能有利于学校在错位竞争中不断提升办学水平。管理的特色是一个学校办学特色的重要组成部分，在遵循高等教育基本规律的前提下，本科院校只有在教学管理上发挥优势、大胆创新，形成科学规范和独具特色的管理方式，才能形成结构优化的发展动势，促进办学水平更好更快地提升，以不断提高综合办学效益和人才培养质量。

教育以育人为本，以学生为中心。遵循质量管理和目标管理的基本原则，从教学的自身规律出发，只有坚持以人才培养质量为中心的教学理念，才能使办学符合高等教育自身发展的本质特征，进而使培养的人才适应社会发展的本质要求。所以，为保障教育教学质量和水平，必须把人才培养的质量标准纳入教学管理的运作范畴，以学生为中心来建构学校自己的管理模式和运转机制。

具体来说，就是以学生为中心来探讨教学质量标准，按照知识、能力、素质相统一的原则构建人才培养的目标结构，进而依据这一目标结构来制订教学计划、授课大纲和评价体系，使教学工作始终围绕着优化人才培养的目标结构和提高人才培养的最终质量形成具有自身特色的运作规范，以确保培养的人才在应用型特色方面体现出可靠的、适应社会经济文化发展的内在质量。

构建以人才培养质量为中心的目标管理特色，有利于本科院校发挥近距离感应地方人才市场变化的优势。按照适应地方经济和社会发展需要的市场化办学原则，在高等教育大众化过程中建立的本科高校，必须使培养的人才满足地方经济社会发展的"一专多能"的需要。具体地讲，为了在高等教育的社会竞争中开拓出自己的一席之地，新建本科高校必须围绕人才培养构建自己的特色，以人才的结构特色赢得竞争优势，以培养的人才基本知识扎实、专业技能突出、素质结构合理、社会适应性强而取胜。

以培养适应地方经济社会发展需求的人才为目标定位的本科院校，要坚持人才培养的宽口径原则，强化人才结构的强能力原则，注重人才内含的复合性原则。从知识结构的角度讲，应该着力于拓展人才培养的知识面，以便为毕业生走向社会以后的就业或转岗奠定基础；从专业的角度说，应该将基础教育和专业教育结合起来，培养学生的一技之长，特别是在某一领域具备较强的职业技能，以便能在今后的市场竞争中具有更多的自我选择余地；从素质的角度看，应该注重学生的全面发展，做到全面发展与个性发展的统一，为将来适应社会、开拓事业创造条件；从能力的角度分析，高素质人才应该具有比较强的适应性，不但在学习能力和实践能力方面，而且在创新创业能力、社会适应能力和市场竞争能力等方面，都能够显示出自身的独特优势。

本科院校要想提高办学水平，必须以教学管理改革为基础，转变管理思想，更新管理理念，推进和完善以学分制和弹性学制为主的教学管理改革，在实践中不断探索适应学校办学实际，能调动和促进学生学习自觉性、能动性的富有特色的质量管理新模式。

三、高校学生教育规范化管理机制的意义

（一）建立符合人才培养结构的质量管理标准

建立起符合人才培养结构的质量管理标准，是本科院校实现教学管理规范化、科学化的基本前提。因为标准是进行评价和管理的必要条件，提高质量必须从明确质量标准入手。不论是哪一个类别或者哪一个层次的教育，要想达到相应的人才培养目标和规格，都必须先明确质量标准，然后才能使教育教学过程有章可循，使质量检测和评价有据可依，进而提高其管理的可操作性和科学性。具体分析高等教育的人才培养过程，其质量直接关系到教学过程中的"教"与"学"两个主要方面。这一过程还取决于教学条件、教学设施以及教学过程等复杂的因素。因此，如果没有客观、科学的质量管理标准，仅仅采用传统的、主观认定式的、单一的定性评价，那么这种既不科学也不全面的评价将不利于探求提高教学质量的有效途径。只有明确教育教学过程的质量管理标准，才有利于将定性和定量的检测结合起来，实现科学规范的管理。

教学质量标准是指为了达到人才培养目标和规格而制定的相应教学过程、教学环节等方面的质量规定。如果从内容要素上分析，质量标准起码包含三个方面：①过程质量标准，即对教师教学工作各环节和学生学习过程各环节合乎科学规范的要求；②教学效果标准，即在培养目标统领下，就课程教学预期效果从知识、能力和素质等方面制定可观测性和可认定性的评价标准；③时间效益标准。随着高等教育市场化办学的逐渐深入，制定质量标准也必须从市场化的办学实际出发，在使标准符合国家有关政策规定的同时，注重从学生的满意度和社会的满意度着手，结合本科院校的办学定位和人才培养的规格层次进行质量管理上的大胆改革和探索。

1. 新的人才培养规格需要新的质量管理标准

（1）依据人才培养结构建立质量管理标准体系。随着高等教育大众化的不断发展，对高等教育的质量管理也随之提出了新的要求。从总体上说，优化结构、办出特色是高等教育适应国家和区域经济社会发展需要，保障高等教育培养的人才质量的基本前提。不同类别的学校根据不同的人才培养规格和目标，

建立起符合办学定位的质量管理标准是十分重要的。

只有建立起真正符合本科院校教学规律和人才培养目标的质量管理标准，进而构建起富有特色的管理体系，才能及时掌控影响教育教学质量的所有过程和环节，以有效调整这些过程和环节之间的相互关系和作用，使其不断生发出促进人才培养系统运行的良性机制，进而在机制的促进下使质量管理体系达到最优化，做到使所有影响教育质量的因素在教育教学过程中的全部环节上都能得到优化调控，真正使人才培养的质量得到保障。进一步说，这种保障体现在人才培养的过程中，是为满足地方经济社会发展和其他相关方面的需求与期望。

（2）按照学校办学定位培育富有自身特色的大学精神。一所大学的规范化管理水平与人才培养特色，与这所学校精神的形成有直接关系。大学精神在本质上是一所大学办学理念、育人环境、管理模式和目标追求在哲学层面上的体现。作为学校的精髓所在，无论什么类别的学校，都能够从其师生的理想信念、精神追求、价值取向和行为方式等文化表现中，感受到这所大学的精神品质和个性。

大学精神是一所大学按照自己的理想目标和办学定位，从人文精神、科学精神和国际化视野等不同角度出发建立起的既具有共性又富有个性魅力的文化精神，由于办学理念的差异，不同类型的大学有不同的精神坐标，在大学精神的培养上不必要也不可能强求同一个高度，但是作为学校发展之魂，大学精神是绝对不能缺少的，因为它从根本上引领着校园文化环境的形成，本身既包含着优良的传统积淀，又包含着现实的追求和时代的创新。

本科院校必须从办学思想和大学文化的层面上建立起本科教育观念，根据学校定位树立起富有特色的大学精神，积极开发地方教育资源，撷取传统文化精华，打造丰富多彩的校园文化，形成富有特色的校风、教风和学风，真正使校园精神制度化、生活化。

2. 人才培养的多元质量目标与全面质量管理

（1）以多元质量观为指导，确定人才培养目标。质量观是关于教育质量的基本观念认定，它涉及受教育者的学习质量和教育者的教育效果评价标准等多方面的因素。高等教育的质量评价是一个多层面、多角度的开放范畴，既要反映出教育教学的内在逻辑，又要体现出人才培养的外部质量要求。高等学校的主要任务是培养人才，要牢固确立人才培养在高校工作中的中心地位，着力培养信念执着、品德优良、知识丰富、本领过硬的高素质专门人才和拔尖创新人才。

　　具体到新建本科院校，无论是在办学层次类别方面，还是在人才培养的规格目标方面，它的质量标准都有其特殊性。从社会需要的角度讲，新建本科院校是适应社会发展对人才的需求而建立的，因此，毕业生在走向市场之后所受到的社会检验，是评价学校所培养的人才是否适应社会的需求以及人才培养质量的更为重要的环节。从这个意义上就更容易理解，大众化时期的高等教育质量是一个多元的范畴。从最基本的层面上说，学生自身的学习效果、教育过程的传授效果和社会需求的检验效果，共同组成了人才质量评价的基本坐标。

　　随着社会发展对人才需求的多样化，高等教育的质量观也日益从一元质量观向多元质量观转变。特别是随着我国高等教育大众化的不断深入，传统的一元质量观已无法正确、客观地评价人才培养质量，社会经济对人才规格、类型和层次需求的多样化，个体学习需求的多样化，办学主体的多元化，高校层次、类型以及学科门类等的多样化，必然要求质量和质量标准的多样化，使得运用多元化的质量标准评价高等教育质量成为必然趋势。

　　（2）以全面质量观为基础，实行人才质量控制。本科院校的科学化管理，应该是对全面质量观的正确认识基础上的规范化管理。随着我国高等教育由精英教育转向大众化教育，高等教育的质量观也由原先单一维度的质量观转向了全面的、多维的质量观，从而使质量管理具备了全新的视角和多层面的意义。全面质量观应立足于宏观的教育视野，全方位地认识教育教学质量。从教育思想的层面分析，不但要注重教育目标任务的合理性，以及教育过程各环节、各有关方面及各因素对教学质量的影响，而且更为重要的一点是必须注重教育产品在社会上的质量评价反馈。

　　全面质量管理对本科院校提高教学质量、培养社会所需的高素质人才的现实意义，主要体现在人才培养过程因素的全面控制和评价方面。根据教学过程中涉及的专职教学人员、教学辅助人员和教学管理人员等各个方面的因素，按照不同的工作性质和责任，以评价标准的多样化、评价制度的经常化、评价主体的多元化和评价过程的连续化为原则，构建内部质量保障运行体系，以形成人才培养过程的全方位的长效机制。落实到本科院校的教学管理上，全面质量观即是对人才培养过程中涉及的影响培养质量的人的因素和物的因素，进行以质量目标为中心的全面系统的综合性管理。

（二）创新规范管理机制，实现教育质量控制

1. 实现"三四四"规范化管理机制构想

所谓本科教育教学质量"三四四"规范化管理机制（以下简称"三四四"规范化管理机制），作为一种规范化管理机制的构想，"从本质上体现了质量监测的有效性原则、质量控制的过程性原则和质量保障的整体性原则。"[①]

"三四四"规范化管理机制在基本办学条件支撑下，先组成一个以质量目标为行为准则，以全员责任为行为动力，以组织系统为行为保障，由输入到输出的人才培养具体过程。当按照质量目标培养的人才走出校门，输出的一端便与社会用人市场及研究生招生学校连接起来，进而对质量目标体系形成总体性的信息反馈回路，为形成更优化、合理的质量结构目标和人才培养实施环节提供改进依据和创新动力，如此形成的不断改进、不断优化和提升的人才培养的循环过程，促进学校教学质量的不断提高和办学效益的持续实现。

2. 优化内部机制，促进教育质量提升

规范是科学管理的前提条件，是由粗放型管理走向集约式管理的基础。从事物的内部规律性上说，只有科学规范的管理，才能形成有利于事物健康发展的有效机制；好的机制也只有通过规范有序的运作，才能真正在实现预期目标的过程中发挥其应有的作用。具体到"三四四"规范化管理机制，无论是三个层面构成的质量目标结构体系，还是四个方面组成的质量过程考核体系，抑或是四大系统形成的质量保障运行体系，在各自的不断完善和相互协调促进过程中，规范都是最为关键的基础性要素。为了使人才培养的过程系统始终保持运

---

① 刘克宽.优化人才培养结构体系建立质量保障长效机制——关于本科教学质量"344"规范化管理机制的思考[J].泰山学院学报，2008（05）：94.

转的动力，进而在教学、管理、服务的过程中形成健康有序的全员激励机制和竞争机制，就必须使整个系统在规范化的前提下保持科学运行的状态。

确立规范是保持机制良好运转的基础，是使动力机制、激励机制、竞争机制和协调机制的效能得以最佳化实现进而达至系统结构性优化的保证。因为只有使各个运作环节和工作岗位建立起规范，真正实现管理的制度化和科学化，才能在实际工作中最大限度地减少主观、人为的不公正考量因素，特别是能够避免种种偶然的情绪和片面的认识对正常考核标准和考核程序的干扰，保证以全员为对象的质量过程考核体系依照既定的规范运转。只有保持规范化的运转状态，管理主体才能在公开、公正和公平的基础上对系统运行中的行为主体进行科学评价。这种科学的评价和制度化所展现的管理行为，一方面能在思想上形成强有力的舆论导向，另一方面又可以针对具体的岗位职业技能自然地显现出业务评定上的奖惩效应。这一切都有利于从各个方面调动大家的主观能动性和积极性，也能够从根本上培养所有人员遵守规范、维护制度的工作自觉性。

从管理科学的角度说，只有教育教学过程形成了规范有序的运行模式，管理主体才能真正对人才培养质量进行科学调控，进而使教育教学质量的内部保障体系得以正常、有效地发挥作用。只有真正建立起规范有序的教育教学运行体系，才能及时有效地把握教学工作的发展状态和运转方向；只有教学管理达到了科学规范的水平，才能以客观公正的规章制度促进对整个教学过程的适时协调、约束和控制。建立科学完善的运行规范，不但能使检测和监控的内容、条件以及阶段性目标客观透明、公平合理，而且能在完善物质激励、精神激励和信息激励措施的同时，强化对质量责任人员的行为激励，增强职业情感对主体行为的影响作用，使其明确岗位职责的重要性和关键性，增强职业道德意识，充分认识到履行岗位职责与整体系统运转效益之间的关系，真正生发出主人翁的责任感和荣誉感，提高自身岗位的工作质量。

我国高等教育正在积极推进现代大学制度建设。在这一过程中，除了要探索完善治理结构、扩大与社会的合作以外，还包括加强制度建设和教育质量的专业性评估评价体系建设。换言之，本科教学质量的规范化管理，不论选择何种机制或者构建何种模式，都必须通过制度化来实现管理的科学化和规范化。

因此，从我国高等教育发展的战略意义出发，认真研究和探索"三四四"规范化管理机制的理论体系，能促进本科院校的科学管理和制度管理的规范化建设，真正使教育教学管理由人为的、就事论事的粗放式管理提升到大学文化的层面，进而营造出积极向上的良好环境，形成科学高效的运转状态，以管理机制的不断优化促进人才培养质量的不断提高，实现办学水平和社会效益的不断提升。

第二节　高校教育规范化管理机制的质量实现因素分析

一、过程质量全员考核制度建立的理论依托

全员参与是适应目标管理的组织结构特征。要从教育教学过程质量的角度来保证人才培养的最终质量，除了要坚持以学生为中心的基础理念之外，还必须落实全员参与的管理思想，即建立健全与人才培养有关的所有工作岗位的责任制，以使每一个工作人员都明确自己在教育教学质量形成过程中所担负的责任，进而使自身的岗位工作自觉地围绕总体质量目标运行，形成共同促进人才培养系统优化发展的动态趋势。

（一）组织结构决定质量管理体系的运行方式

1. 通过过程控制保证系统实现转换增值

一个有效的过程必须是一个有效的增值转换过程，一个有效的质量管理体系必须通过对组织内部各种过程进行有效管理来运行。作为质量管理的原则之一，过程方法启示人们：质量管理不但要重视做什么，还要重视如何做。具体到高校的人才培养来说，只有将人才培养活动和各种教学资源的利用作为过程进行管理，才能更有效地实施教学质量的监控和评估，通过规范化的管理手段促进人才培养活动的优化，使教育教学质量不断提高，进而高效率地实现应用型人才培养的预期目标。

2. 通过全员参与来形成结构性保证状态

组织结构是质量管理体系的基本框架，决定着质量管理体系的运行方式。要形成质量目标实现过程的优化体系，必须采取措施使员工了解自己工作岗位的重要性及在系统中的关键作用，明确自身需要承担的责任，建立自己的工作目标，从而激发其主观能动性和工作积极性。

有效的质量保障运行体系是一个由与质量相关的所有人员共同组成的结构体系。在这一结构体系的运行过程中，每一个环节都直接或间接地对质量的形成产生影响，特别是这些环节中的行为主体即员工，他们的思想观念、指导理念、敬业精神、事业心和责任感、知识基础和工作经验以及由此形成的操作能力等，都是直接影响工作成效的因素。

全员参与的本质性意义是从系统环节上确定切实可行的工作规范和职责要求，真正做到全员参与和全员责任，保证管理体系的各项规定都符合人才培养目标的实际和标准，实现质量管理体系与现实工作的有机结合。

全员参与将教学质量管理融入学校整体管理工作之中，以增强全员的质量意识以及工作过程中的主动性和能动性，使与人才培养直接或间接相关的工作岗位和操作环节都能按照学校规定的总体培养目标和质量标准严格要求自己，落实规范化、制度化的岗位职责，进而使人才培养系统的各环节处于相互保障和促进的运行状态，通过每一个岗位和操作环节上的质量实现来保障人才培养的最终质量。

（二）运行过程决定人才培养质量

1. 过程环节的连环递增和倍减效应

在质量形成的过程中，只有每个过程环节都追求最好，才能形成最终的、理想的质量。从事物发展的形态上分析，任何一个系统过程都是由一个一个的环节递次串联而成的。作为一个朝向具体目标运行的系统结构，人才培养的每一个环节必须以上一个环节提供的质量结果为基础。换言之，要想使一个系统工作的最终结果实现最佳的效益，系统内的每一个环节都必须做到最好。

具体到高校人才的培养，作为一个由多种教育教学环节和岗位所组成的系统，其运行质量不是各环节质量的简单相加，而是各环节的质量以乘法递增的效应体现在最终的质量之中。如果一个环节达不到质量要求，就会直接影响到下一个环节的质量。

高等学校的人才培养过程作为一个相互影响的大系统，其工作原理和过程方法与上面所分析的是一个道理。要实现预定的人才培养质量目标，必须实施过程方法和全员参与的规范化管理模式。不论是学校工作中的哪一个部门或者个人，只要与人才培养有直接或间接的关系，就在实质上成为人才培养大系统中的一个环节；作为影响到人才培养质量的某个方面的因素或者环节，就必须致力于使自己的工作达到最佳的质量标准。才能实现每一个个体和每一个环节上质量的最佳化，进而形成人才培养系统的优化发展状态，以保障最终质量目标的真正实现。

2. 质量管理涉及每一个环节和岗位

教育教学工作作为高等学校经常性的中心工作，涉及学校的方方面面。人才培养是高等学校的首要职责，涉及每一个岗位上的工作人员。从本质意义上说，质量管理的有效实施是以与质量形成有关的所有人员质量意识的不断提高为基础的。无论是质量管理的"三大要素"观念（人、技术和管理），还是"五大要素"观念（人、机器、材料、立法与环境），"人"都是作为第一位的要素被首先提出的，因此，有效实施质量管理的首要基础是行为主体的质量意识。

对作为行为主体的人来说，只有质量意识不断提高，才能对自身所从事工作的质量有科学的认识，才能坚定不断提升质量的信念，才能增强做好自身工作促进质量形成的责任感和成就感。在此基础上，按照过程管理的方法，将质量管理的工作落实到教学工作所涉及的每一个岗位，具体到人才培养的整个过程及参与这一过程的每一位人员，才能真正形成一种全员参与的运作体系。与一般产品生产不同的是，在过程方法中，学生作为特殊的产品，在消费学校教学资源和服务环节的过程中与其他所有工作人员一样具有不可推卸的责任，特别是对形成最终质量起着至关重要的作用。

如果将运用过程方法的质量管理视为一个具备质量标准监控和保障的组织系统的话，那么这一系统过程之间各种因素的互相关联和互相作用都在实质上影响着系统的功能，进而影响着质量的实现。

具体分析，学生作为消费者在社会、家长影响下对学校教学质量所产生的主观需求和期望对其学习能动性的影响，管理者对人才培养规格和结构以及质量目标的理解对其教学管理行为的影响，教师作为教学过程中的主体对培养模式、结构方案和教学大纲的理解对其教学水平的影响，教学辅助人员和教学管理人员对岗位职责和质量目标的理解以及事业心、责任感对教学过程质量的影响等，这一切都具有牵一发而动全身的效应，不论哪一个环节、哪一个方面的行为出现问题，都会直接影响到系统过程在实现质量水平方面的有效性。

因此，必须从系统的角度分析过程方法的意义，根据顾客亦即学生、家长和社会的需求与期望构建人才培养的目标规格和质量方针，进而形成过程方法的管理系统，并将系统内所有的要素、环节和人员都结合起来，形成人人参与的组织机构，将所有部门、人员、资源和过程因素组成一个相互影响、相互促进和相互监督的质量实现过程。

从心理学的角度分析，行为主体的知识、情感和意志往往能综合性地对主体行为起到多层面的控制作用。因此，只有加强对全体员工的质量意识、质量知识、质量信念和质量责任的教育，通过制度化和规范化的过程管理方式，不断提升人才培养系统的质量保障功能，才能从根本上保障教育教学质量的如期实现。只有通过组织结构的优化实现每一个具体教育教学过程和人才培养环节的有效和高效，才能保证人才培养质量和办学水平的不断提升。

（三）资源配置影响质量过程的运行效果

1. 教育资源的影响与保障作用

在高等教育的教学资源中，人们过去比较重视物质资源和人力资源，对它们的影响和保障作用研究得比较多。其实，在高等教育教与学的交互过程中，一切能够对教育服务主体的活动起到工具性、依托性、启发性作用的文化因素都能够成为教学资源的构建基础。从某种意义上讲，能够形成教学基础设施（硬件）和教学开发平台（软件），可以为课堂面授交流和学生自助学习提供文化资源的因素，都可以纳入教学资源的范畴。因此，从大的方面来分，物质资源、人力资源、信息资源和文化制度资源等构成了高等学校教育教学资源的结构主体，它们从不同的角度和层面在高等学校办学过程中对人才培养质量起着基础性的保障作用。

随着高等教育的不断发展和教学资源的不断开发，教育教学资源在高等学校中的地位会不断发生变化，教学资源的结构性调整也在很大程度上影响着高等教育办学形式和人才培养模式的变化。因此，加强教学资源建设应该以推进教育创新，深化教学改革，促进适应社会经济发展的高素质应用型人才的培养为目标。

2. 过程方法的有效控制作用

过程方法的目的是通过识别、控制、评价和改进等手段形成持续改进的动态循环，进而使组织的业绩不断提高。

目标管理的方法只是着重于宏观目标的制约，不追求微观过程的管理，而过程管理的方法既重视宏观目标的定向性作用，又重视微观过程管理的结构性策划。与其他方法相比，它的优势在于对组织系统中单个过程之间的联系和过程组合及相互作用进行连续的控制，从过程的输入开始即对每一个过程环节高度重视，并明确确定各过程环节的主要质量标准及控制点，尽量避免影响质量的因素出现，使整个组织生产过程的质量符合预定的标准，进而促进最终的质量目标的实现。

因此，过程管理所形成的产品就不单是最后输出的"外供成品"，它实际上包括各生产过程中形成的结果，即阶段性产品。从质量管理的角度说，此类产品可分为四种类别，即硬件、软件、服务和流程性材料。过程管理强调过程业绩和结果的有效性，为了判断这些过程是否有效地运行并对其加以监控，组织必须获得必要的信息，并通过对信息的分析判定而实现对过程的监督控制，以便达到过程结果及实现对过程的持续改进。

按照这一管理思想，高校关于人才培养的过程管理，从输入的过程性上分析，必须明确人才培养的层次、类型和服务面向，进而根据人才类型和社会需求以及具体的学科专业发展现状等选择所要构建的培养模式；从输出的角度讲，必须制定出知识能力和素质的培养、检测及评定标准，以及具体可行的人才培养方案、教学大纲等教学实施文件；从教学资源的角度讲，必须按照人才培养的质量标准提供师资队伍、教学经费、教学环境以及教学设备等保障条件。

　　为了满足过程管理对组织系统的控制需要，人才培养方案和教学大纲必须做到质量目标明确、实施过程完善、环节结构科学合理，适应应用型人才培养目标和规格。按照这一要求，高校要有效实施过程管理方法，还必须根据培养目标，结合生源实际，制定出符合培养目标要求和教学大纲内容及学科专业发展实际的，有助于学生形成适应社会需求的知识、能力和素质结构的教学考核标准，以便进行人才培养过程的质量目标控制。

二、质量实现过程中的教学资源环境

　　随着教育教学的不断改革，教学资源构成的教学大环境彻底改变了教师作为信息源而单向传授知识的教学局面，教学成了学生在教师指导下主动利用教学资源来满足自己学习需求的过程。从这个角度来说，教学资源也可以理解为一切能够为学习过程提供服务的要素，包括可以帮助学生达成学习目标的显性或者隐性的物化因素。

（一）优质资源环境建设与图书资料

1. 图书资料在本科教育中的地位

　　图书资料与师资、仪器设备一起被认为是传统意义上高校办学的三大支柱。图书馆作为学校图书资料信息收集、整理、保存与咨询交流中心，既担负着培养人才的任务，也担负着科学研究的任务，标志着一所学校的办学实力和发展趋向。

　　图书馆和资料室作为学生与信息资源之间知识传递的媒介，在培养高素质人才的过程中具有至关重要的作用。从总体上说，它既是通过思政经典文献和优秀传统文化文献的借阅交流对学生进行德育的场所，又是通过信息交流对学生进行专业教育以及知识创新教育、文化素养教育和心理健康教育的无形课堂。

　　随着信息化的不断加速，我国高校的数字化建设呈现出日新月异的局面，再加上教育教学改革的不断深化，高等学校图书资料研究和管理岗位的素质要求也在不断提高。因此，根据高校的办学方向和人才培养目标，进一步加强学校图书馆和院系资料室的内涵建设，提高图书资料研究和管理人员的整体素质，以适应不断提高的教育教学水平的需要，是一项不可忽视的重要任务。

2. 提高图书资料研究和管理人员的素质

图书资料研究和管理人员的整体素质是由人员的品德、知识、技能等共同决定的，包括思想政治素质、职业道德素质和科学文化素质等方面。

（1）思想政治素质。作为高校图书资料研究和管理人员，须了解高等教育发展的时代性特征和结构性特点，认真学习党和国家的教育方针，熟悉教育法规和高等教育的有关文件，才能在信息资料的收集整理和研究方面掌握主动，及时为教学科研提供具有时代价值的信息资料服务。

（2）职业道德素质。图书资料人员的职业道德素质以坚实的职业知识和职业能力为基础，包括思想感情、工作态度、行为作风等方面。图书资料是高校十分重要且不可或缺的基础性办学资源，特别是在信息化高速发展的时代，信息资源在某种程度上能决定一所学校在市场化竞争中的成败。因此，只有真正树立了信息资源是决定性资源的坚定信念，图书资料研究和管理人员才能对自身所从事的工作产生感情，才能表现出正确的工作态度。

（3）科学文化素质。图书资料研究和管理人员必须具备广博的知识，从信息提供和咨询的层面上讲，对于一切与信息整理、研究、咨询和传播有关的基本知识，图书资料研究和管理人员都应该有所了解。要真正在工作中做到这一点，需要做到五点：①掌握图书情报专业的基本理论、基础知识和技术；②熟悉文、理、工、法等主要学科和专业，特别是学校所设置的学科的专业性质和思维特征；③具备必要的外语知识；④掌握现代化的管理知识；⑤能熟练地应用计算机等现代教育技术。

（二）优质资源环境建设与实验教学

1. 实验教学模式创新是提高教学质量的基础

实验教学作为实践教学的重要环节，是人才培养过程中一个不可或缺的重要组成部分，对于培养学生的创新创造能力，实现教育教学质量目标起着不可取代的作用。因此，应做到：①提高认识，充分重视实验室工作，加大投入，整合资源，不断改善实验条件；②充实力量，注重培养，切实提高实验队伍水平，真正形成理论教学与实验教学统筹协调的良好氛围。

2. 实验室队伍建设是提高教学质量的基本保障

实验室队伍由实验教师、实验技术人员、实验技术工人和实验室管理人员组成。他们的主要职责包括：①根据教学计划和实验大纲的规定，承担实验教学任务，进行实验教学准备，编写实验教材或实验指导书；②根据实验室的性质和学科专业方向，制定实验室长期和长远建设发展规划，对人力、物力、财力进行综合平衡；③随着人才培养模式和教学方案、课程设置体系的不断改革，更新实验内容，改革实验方法，大胆探索提高实验技术的新渠道，不断完善实验技术条件和工作环境。

实验技术和管理人员是高校实验教学中最为关键的人员。特别是高校，能力培养在其人才培养过程中极为关键，实验和实践教学在整个教学过程中具有决定性的意义。因此，注重实验技术等实验实践环节的人员队伍建设，在岗位设置、职务评聘方面不断进行改革，通过岗位培训等多方面的措施实行岗位管理，打破身份界限，完善激励机制，建立科学合理的评价体系，不断提高人员的业务水平和工作积极性，是提高整体办学水平的要求。

3. 加强岗位职责研究，建立质量考核标准

只有根据新的人才培养目标和教学任务的要求，结合学校实际，以改革的精神科学有效地对实验技术和管理人员进行岗位分类，才能真正提高实验教学的效率，使这些人员在人才培养过程中起到关键性的促进作用。对于以管理为主要工作内容的人员来说，必须认真掌握应用型人才培养模式中实践教学的内容和环节，根据不同的专业和培养方向所涉及的实验教学形式，结合具体的教学组织结构和规章制度，创造性地做好实验教学的组织管理工作。在承担实验教学的过程中，实验技术和管理人员还承担着仪器设备的管理、维护保养、计量标定，以及自制仪器设备的设计和制作、大型精密仪器的功能开发等工作。在完成教学任务的前提下，遵从开放办学的原则，不断探索产学研相结合培养人才的新路子，积极开展服务和技术开发，开展学术、技术交流活动，也是实验技术和管理人员需要认真研究的一个课题。

实验室工作具有多样性与复杂性，实验技术人员的岗位设置要考虑到多方面的因素。从实验室建设的角度来说，包括大型仪器设备的论证、购置和管理，常规仪器设备的管理与维修，低值易耗品的使用与管理等，这些工作的水平都与实验技术和管理人员的整体素质有直接的关系；从实验教学的角度来说，实验课前的准备、课程中的指导、实验过程中的技能操作、实验数据的采集整理和出具结论以及改进提高等，都直接考验着实验技术和管理人员的专业能力、基本素质、责任感与敬业精神。特别是与基础课程教学联系最为直接的基础实验室，作为教学科研的重要基地和培养高素质人才的重要场所，其建设和管理水平不仅是高校办学实力的标志，也是高校教学水平和管理水平的重要体现，对培养综合能力强的高素质人才具有关键性的作用。

因此，高校不但要进一步优化实验技术和管理人员的结构，明确其岗位职责，促进其在实验教学中分工合作，更重要的是要强化岗位管理目标责任制，通过制定科学规范的管理制度和考核标准，构建起实验室建设和实验教学过程中的革新机制、激励机制和竞争机制，以充分调动实验技术和管理人员在实验室建设、教学指导和设备使用管理等方面的积极性、能动性与创造性，最大限度地发挥仪器设备在教学科研过程中的功能。

（三）优质资源环境建设与信息素质教育

第一，强化网络文化的正面引导作用，完善网络管理制度，制定严格的管理措施，积极开发和推荐有利于学生学习的网络资源。教学资源研究和管理人员应采取积极措施，利用网络信息传播的时效性和多媒体化等优势，更多地开发有利于教学的学科软件和引导学生自学的网络资源，让学生更方便地了解学科专业的有关信息，及时搜集所需学科资源。同时，积极创设健康向上、有利于激发学生创造创新精神的娱乐信息，充分利用电脑语言图文并茂和多媒体传输声情交融的特点，使学生在轻松、愉悦的氛围中了解正面的东西，以文化精华来抵制不良网络文化的侵蚀。

第二，加强网络信息安全教育，采取多种教育措施提高学生对网络信息的判断力和防御能力。引导学生树立自律意识，自觉强化网络道德约束，提高网络道德素质。

三、质量实现过程中的学生管理工作

在日常管理工作中，必须真正形成知识能力培养与价值观念培育相结合、课内教育与课外教育相结合、外在服务与自我服务相结合、及时应对与长效机制相结合的学生思政工作的新格局，使学生管理工作真正成为全员育人、全方位育人和全过程育人的基础平台和能动性因素。

（一）学生管理人员在全员育人中的主体能动性

1. 专职学生管理人员素质形象对工作的影响

校团委、学工处的工作人员和院系党总支副书记及团总支书记等，作为不同层面的专职学生管理者，其品德、学识、个性等对学生所形成的综合影响是巨大的。

从总体上讲，新时期的学生工作者必须具备现代、睿智、青春、向上的形象特征，与市场竞争相适应的公开、公平、公正、合理等现代管理观念，时间、效益、民主、科学多维一体的思维模式，乐观向上、充满活力的主体形象，在工作中真正做到尽职尽责、乐于奉献，作风正派、善良朴实，正直坦诚、豁达大度。这一切汇集起来会形成一种人格魅力，这种人格魅力作为"身教"的宝贵资源，对学生的人生观、价值观、审美观等会起到潜移默化的塑造作用。进一步说，只有综合素质高、人格魅力强的学生管理者，才能赢得学生的信任和尊重。因此，渊博的知识和深厚的人文素养，善于汲取新知识、新观念来充实和更新自己，努力提高个人综合素质，是对学生管理人员的基本素质要求和能力要求。

因此，提高自身的心理教育水平便成为学生管理工作者的重要任务。只有不断加强有关心理学、教育学等专业知识的学习，注重加强心理辅导能力的实践锻炼，才能比较准确地掌握大学生的心理特点，做学生的良师益友，随时解决他们的心理问题，有效地完成岗位所赋予的职责任务。这是时代发展对高校学生管理工作者的要求。

2. 创新工作理念是做好学生管理工作的保障

学生管理人员要通过对管理模式、管理手段和管理方法的不断创新，进一

步增强学生管理工作的影响力和征服力。要让学生日常管理工作成为教学质量规范化管理运行机制中的有机组成部分，对提高教学质量起到有力的促进作用。

（1）要求学生管理人员真正树立一切为了学生的理念，围绕人才培养结构，以学生自身资源开发为目的，形成促进人才培养结构优化的系列活动。

（2）探索新的管理方式，将校园文化活动构建成不同形式的教育载体。

（3）不断拓宽毕业生就业指导工作的途径，使这一工作不但对学生就业起到积极的促进作用，而且通过社会调查、人才质量检测和评价对教学质量规范化管理体系的改进提供反馈。

与此同时，还必须注重在管理实践中不断改进学生管理模式，定期对学生的状况进行调查分析。无论是哪一级学生管理岗位，学生管理工作的落脚点都必须是引导和促进学生自我管理的主体能动性。换个角度说，通过开发和利用学生自身的管理资源，促进人才培养运行过程的优化，进而提升人才培养质量，这是最具有现实意义的学生管理工作改革和创新目标。

（二）高等教育大众化背景下对学生管理的要求

1. 更新学生管理理念

学生管理作为高校管理工作的重要组成部分，对教学特别是人才培养这一学校中心工作起着举足轻重的作用。随着高等教育大众化的不断发展和教育结构的更新调整，高校生源结构变得日益复杂，高等教育市场化办学带来的教育理念和教育主体意识的时代性发展，使学生管理工作面临新的挑战。如何根据学校的办学定位和人才培养的结构性改革，创新学生管理理念，改进学生管理工作，不但是现实的客观要求，而且成为新形势下做好学生管理工作的必要前提和逻辑起点。

大学最根本的职能和最核心的价值体现在人才培养上，通过思政理论和学科专业理论的教学以及实践能力的培养促进学生全面发展，是必须坚持的基本方针。依据德育为先、能力为重、全面发展的原则，学生管理工作应该注重学生整体素质的提高，注重为学生创造能充分、自由地施展才华和发展个性的空间。

只有以培养社会需要的高素质应用型人才为中心任务，既把学生视为接受教育的对象，又把学生当作管理服务的主体，既严格规范管理，又重视教育引导，既体现社会主义的整体教育质量目标，又充分保障学生的个性权益，才能从根本上冲破人才培养模式改革创新的"瓶颈"，进而构建起适应学校办学定位和人才培养目标的新的培养模式，真正培养出既符合教育方针规定的共性质量标准，又能体现出社会市场所需的个性特色的人才，使学生毕业后真正为社会所接纳，并转化为生产力，进而真正发挥为社会服务的作用。

2．构建新的学生管理关系

实现教育教学管理的较高境界，是以实现以学生为中心的管理原则为前提条件的。具体来讲，就是以学生为中心来探讨教学质量标准，按照高素质应用型人才结构来制订教学计划、授课大纲和评价体系，围绕使学生充分发挥学习自主性来构建新的课程体系。通过不断地改革创新，促进学生管理向学务管理转化，转变把学生视为管理对象的传统观念，建立起学生是服务对象的新的管理理念。

以学生为中心的管理理念，要求学生管理工作必须坚持尊重学生的原则，这是做好这项工作的基础。所谓尊重学生，即尊重学生的主体意识、情感世界和个性发展。从这个角度来讲，做好学生管理工作的关键是注重与学生的积极交流与沟通，及时了解学生的思想、学习和生活情感状况，进一步讲就是要将学生管理具体化为学务管理。这就要求管理者强化服务意识，将学生管理工作的重心不断下移，积极创设有利于学生管理的心理条件与环境。

做好学生管理工作必须研究新形势下学生管理工作的规律和特点，注意采取激励主体能动性的方式方法，譬如采取时事激励、情感激励、榜样激励等手段，使管理工作事半功倍。具体分析高等教育结构的变化与调整就会发现，高校所招收的学生成分更为复杂，生源特点与过去相比发生了明显的变化。因此，学生管理必须根据高等教育结构的变化，具体分析学生的时代特点，从时代大背景出发，立足于学校实际，结合学生现实状况，进行改革创新。

3．创新学生管理模式

学生素质的基本特征是多层次性和复杂性，因此，针对现实情况，围绕着成人成才的中心目标，坚持整体性、系统化的管理思想，真正由过去的注重结果的管理转向注重过程的管理，将管理覆盖到每一个过程，控制到每一个环节，规范到每一个步骤，落实到每一个人员，是至关重要的。

因此，要坚持系统化的管理理念，注重整合和利用各种资源。特别是在整合利用种种资源方面，要采取措施充分调动全体教职工的积极性。针对各个年级学生的不同特点和不同个体的特征，真正构建起以专职学生管理人员为主体、广大教职工和全体学生积极参与的全员学生管理的优化系统。

四、质量实现过程中教学人员的提升

以专任教师为主体的教学人员，包括专任教师、兼职教师、外聘教师、辅导教师等，是学校人力资源中决定教学质量的部分。在高校的教学人员中，应该引起重视的是年富力强的中青年教师。特别是随着办学规模的不断扩大，许多高校近年来采取人才引进政策，引进了大量的青年教师。他们作为师资队伍中最有活力的成分，不但使原有的师资结构得到显著改善，而且承担着重要的教学任务，在有些学科专业，新进教师甚至很快成为教学的主体力量。

无论从哪一个角度分析，新进的青年教师都蕴含着多方面的发展潜力，进而在很大程度上决定着学校的未来。因此，采取措施使他们尽快适应高等教育对教师专业化的要求，是学校应该高度重视的一项工作内容。除此之外，在高校中，原有的专科教育、职业教育或成人教育的大部分教师也随着学校的合并升格一起进入本科办学队伍。在原来的学校中，他们是教学的中坚力量，但面对本科教学任务，他们无疑需要一个角色转换和水平提高的过程。

（一）教师须具备终身学习理念

从高等教育发展的角度讲，人们所处的是一个知识更新不断加速的时代。随着知识革命引起的学科与课程改革的日益加快，高等学校的教育教学方式和学习方法不断发生着根本性的变革，而教师的传统角色也有了实质性的变化。特别是网络社会的形成使教师与学生处于接受新信息、新知识的同步时空之中，在很多情况下，教师不再是教育资源的唯一拥有者，也不再是教育产品的直接生产者，而是逐渐转变为教育资源的优先发现与综合利用者。具体到教学过程之中，教师更多的是学习的组织者和富有经验的启发者。

　　教师作为一种职业已逐渐摆脱了道德本位的教化形象和知识本位的教书匠形象，具备了一定的知识就可以当教师的时代已经一去不复返。教育真正进入了教师专业化的时代，具体地说，就是教师不仅需要具备专业知识，还必须具备职业知识和职业技能，而职业知识和职业技能是需要随着时代发展和社会进步不断更新的。这就从根本上将教师的职业角色定位于终身学习者的角色。随着社会的不断进步和教育的不断发展，教师必须与时俱进，不论是从理念上还是从职业知识、职业技能上，只有不断进行自我更新，才能适应教育的新要求。

　　知识的更新和能力的提高是创新的基础，而不断创新则从本质上体现着一位教师的综合素质。因此，教师只有随时准备接受新的教育理念，促进自身的专业化水平不断提高，才能在教育发展中始终保持积极开放的心态，不断更新与提升专业知识和专业能力，进而以创新的姿态构建相互尊重、相互信任、相互理解的师生关系，创设和谐宽松、充满生机的课堂环境，真正做到教学相长。

（二）优化教师结构

　　一所学校的教师队伍结构是衡量这所学校师资质量的重要标志。由师专和其他专科院校合并组建的高校，从教师队伍的整体情况来看，不但存在着学历层次偏低、职称结构不合理的现象，而且在学科分布上也存在着严重的结构性矛盾。特别是办学模式由专科转变为综合性本科之后，为了适应地方经济建设和社会发展的需求，学校开始多学科办学，大都集中新上了一些属于应用性学科、新兴学科与边缘学科的专业，进而导致了任课教师的结构性短缺与过剩并存的问题。

　　从总体上看，高校的师资队伍不但在质量上亟须提高，而且在数量上也存在着学科分布极不合理的现象。另外，由于原有专科学校教师学历水平普遍偏低，具有高级职称的教师较少，在总体上不适应本科办学的需要。总之，无论是从学科、学历还是从职称的角度来看，高校的师资队伍都存在着明显的结构性矛盾，严重影响了教学质量和办学水平。为了使师资队伍建设尽快适应学校发展的需要，新建的高校亟须依据自身的办学定位和发展方向，采取强有力的措施，多方面加大投入，促进师资队伍在学历、职称及学科上形成比较合理的结构。

（三）形成专业化优势

高校近年引进的博士和硕士毕业生，在知识上已经具备了较高的水平，但是从专业化的要求来看，要想成为一位合格的教师，进而成为一位优秀的高校教师，还需要在职业训练、职业道德等方面进一步学习提高。因为教师的专业素养不仅指专业知识，还包括专业技能、专业情感和专业态度。所以，如何将大批新进博士、硕士毕业生的学历优势及中青年教师的职称优势转化为教师的专业化优势，是高校首先应该解决好的一个课题，自然也是高校面临的一项重要任务。

所谓教师专业化，是指教师职业具有自己独特的职业要求和职业条件，有专门的教师培养制度和管理制度。教师的专业性既包括学科专业性，也包括教育专业性。从国家的角度来说，对教师任职不但有学历要求，还有必要的专业知识、教育能力和职业道德的要求，而且这些要求会随着时代和社会的发展而持续不断地发展变化，教师需要通过持续不断地学习才能达到这些要求。正因为如此，教师专业化的时代才彻底改变了教师作为教书匠的传统形象，而要求教师成为以人的发展为本位的专家。

教师不仅要有学问，而且要有道德、有理想，不仅要有高起点，而且要终身学习，不断更新，不仅要成为学科专家，而且要成为教育专家，在教育思想理念、教育专业知识、教育基本技能、教育职业道德以及教育综合素质等方面真正适应时代和社会发展的需求。正是从这个意义上说，高校在师资队伍建设中应该充分利用上级有关政策，通过制定和完善学校的规章制度，进一步激发专任教师特别是中青年教师的积极性和能动性，尽快将自身的学历优势、职称优势转化为高校教师的专业化优势，以适应教育教学改革发展与高素质人才培养的需要。

五、质量实现过程中教学管理的提升

随着时代的发展，高等教育管理的发展有三个趋势：①由管理大学向经营大学转变，形成管理重心下移；②由过去的泛职化管理向专职化管理发展，形成管理的专业化；③逐渐强化法治观念，向依法管理、规范管理和科学化管理迈进。从教学管理的角度来说，科学、规范的管理制度和工作程序是不断提高学校办学水平和办学质量的保障。管理的水平决定和制约着一所学校的办学水平，管理人员的思想观念和素质直接影响着一所学校办学机制的运转效率，管理机制的改革创新和管理制度的制定落实涉及一所学校办学效益的实现。只有真正将先进科学的管理制度落实到办学的各个层面和各个环节中，才能真正推进应用型本科教育健康快速发展。

以教学管理服务为主要职责的教学管理人员，在以全员为对象的质量过程考核体系中占据着非常关键的地位，在某种程度上可以说是教学系统优化运行程度的决定性因素。因此，必须通过强化对教学管理人员岗位职责的管理，进一步将各种岗位职责具体化、规范化，真正使教学管理人员把主要精力投入管理服务工作中，创造性地做好教学管理服务工作，以促进教学系统的不断优化，进而从各个层面、各个环节和各个过程的管理上保障人才培养的质量。

（一）明确有利于提高质量的管理岗位职责

从总体上说，现代高等学校的管理要体现"以人为本"的思想。具体来说，教学的主体是学生，办学的主体是教师。因此，高校的管理理念最终应该体现出为学生、为教师服务的思想。在办学过程中，这种为师生服务的思想不但要体现在管理的各项规章制度中，而且要体现在管理的每一个细节上。

在教学管理方面，管理目标体现在教师身上，要为他们提供方便的教学环境，及时提供全面的教学反馈信息，帮助教师调整和改进教学工作，制定科学的评价体系，促进和鼓励教师的改革与创新。

管理人员的重要职责是为教师的教学和学生的成长营造适宜的环境，包括自然环境、生活环境、文化氛围、学科共生的优势等。营造这种环境应该成为每一位行政管理人员、业务研究人员、教学辅助人员和后勤服务人员的职业意识。

从教学的主体能动性上说，学校管理应该研究的最重要的因素有三个，即学者、学生和学风。如果把这三个方面的管理工作做到位了，这所学校就一定能够实现快速发展的目标。

在具体的教学管理中，如何将"教"的主观能动性与"学"的积极主动性结合起来，形成人才培养过程中师生相互促进的运转状态，是值得认真研究和深入探讨的课题。特别是对于应用型本科院校来说，面对着人才培养的新规格和学生来源的新特点，教学管理必须大胆探索与构建新机制。具体来说，管理必须从长期的精英教育所形成的传统惯性中抽脱出来，根据生源特点和培养规格，积极探索新的管理模式，由让学生被动适应的传统管理模式转向教学管理能动性地去适应人才结构与学生学习的特点。在遵循教育基本规律的基础上，形成新的价值引导趋向，努力建构富有应用型人才培养特色的管理模式，促进教学质量和办学水平的不断提高。

（二）教学管理人员的素质要求及职能层次

教育教学管理是一门科学，它需要以教育研究与教学管理研究为基础。教学管理人员的整体素质，具体来说即管理岗位与职务所要求的基本条件，是适应管理工作要求、提高管理水平与管理效能的基础。教学管理具有综合性、协调性和政策性等多方面的特点，要求教学管理人员具有较高的素质和能力。先是思想政治素质，即管理职务所要求的马克思主义理论修养和政治觉悟，要具有强烈的事业心和高度的责任感，具有良好的道德修养；还需要有关的知识素养，特别是较系统的现代管理知识和相关的专业知识，如高等教育的理论知识、高等教育的管理知识以及所在管理部门和岗位的专门知识、相关学科知识等，再就是高等教育有关政策、法令、法规、条例和规定；最后是智能素质。智能是一个人知识、智慧和技能在实践中的综合体现，所以智能素质是管理者做好管理工作的核心素质，包括敏锐的观察力、良好的记忆力、周密的思考力、丰富的想象力、坚强的意志力。对重要岗位上的管理者来说，还必须具备较强的筹划与决断能力、组织与协调能力、判断与处理能力、改革与创新能力等。

按照教学工作整体一致的目标系统的要求，教学管理也必须形成符合教育教学目标系统的工作体系。具体来说，要根据人才培养运行过程和运行环境的需要，建立起适应各个教学环节运转的规范、完备的管理岗位，完善有关的规章制度，明确具体的岗位职责，落实科学的质量标准，进而使学校教学管理无论是在指导思想、目标规划、规章制度和发展举措层面，还是在组织协调、过程运行、质量监控和信息反馈层面，抑或在基本建设、教学改革、具体实施和环节掌控等方面，都能够做到科学、规范、全面、优化。与此相对应，具体到应用型本科院校的内部运行体制来说，教学管理服务人员按照管理职务可分为决策管理人员、职能管理人员和执行管理人员等。在实际工作中，管理服务人员的职务不同，其管理职责自然也有明显区别。

第三节　高校学生教育规范化管理工作的质量保障体系

一、高校学生教育规范化的系统管理

系统是由相互联系、相互作用的若干要素构成的有机整体，它通过开放的、不断优化的结构之间的相互作用来维持自身的平衡状态。把这一理论应用于工商企业的管理，进而形成了系统管理学派。

（一）管理的优化运行是多功能相统一的过程

1. 管理系统各部分必须形成相互促进的关系

系统管理以目标为中心、以系统平衡状态为原则，规范内部各子系统的职责任务，进而充分发挥个体要素和子系统作用的优化运行特征，决定了系统中的每一个子系统，都不可能无视整体运行目标而独立运转。换言之，子系统只有正视自己在系统运行中的恰当地位与作用，才能在不断优化的结构运行中促进系统的整体效率的提高。整体目标是构成系统运行结构的主要依据，系统中各个部分的性质和职能是由它们在整体结构中的地位决定的。因此，组成系统的各个要素的活动必须受到整体的制约，才能形成一种真正的合力。

教学工作作为高校培养人才的主要手段，在人才培养系统中的关键性地位是显而易见的。因此，它在整个运行系统中处于中心地位，对系统中其他要素具有主导作用。随着人才培养模式的不断改革，系统的结构状态会不断发生变化，譬如随着实践教学的不断强化，教学资源中硬件保障部门的工作在系统结

构中的地位和作用便会相应提高。为了保持整体系统运行的和谐有序与不断优化，系统的结构状态会随着自身的发展而不断调整或者更新。不论如何调整，教师的"教"和学生的"学"作为双向互动交流的主体构成是不变的，所以，教学质量管理系统的各部分必须始终围绕着"教"与"学"的活动形式的变化进行自我调整。系统中的各个子系统只有依据开放性、整体性和层次性的结构观念，主动围绕结构中心进行自我调整，进而形成相互促进的关系，才能适应教学大环境的需要，发挥自身的作用。

学校作为一个整体是事物运行所形成的一个大系统。在这个大系统中，只有重视整体与部分之间、整体与外部之间、部分与部分之间的相互联系、相互作用和相互制约的关系，才能保障系统本身的优化运行。具体到整体与部分之间的关系，不论哪一项管理工作或者哪一个管理体系，都不能脱离这个以教学为中心的大系统。如果脱离了大系统的向心力，形成封闭的运转体系，那么不论这个体系多么完备，相对于学校的运转与发展而言，它都很难体现出自身的价值。一旦脱离了整体的系统结构，则子系统的运转不但不能形成对大系统的促进作用，反而还会形成离心力，直接影响系统的优化运行。

高校办学要保证教学工作在人才培养系统中的中心地位，除了领导高度重视、经费优先投入、政策规定体现之外，在具体的运行过程中，各个职能部门还必须围绕育人开展工作，自觉主动地为教学服务。学校所进行的一切活动，包括思想教育和后勤服务等，都是为了保障教育教学活动能够正常有序地开展。无论从存在意义上还是从功能作用上讲，这些工作都必须服从和有利于学校的中心职能。学校的中心职能是培养人才，而培养人才的主体活动是教学，所以，按照系统结构的观点，学校各个职能部门和各项管理活动只有通过在系统结构中对教学工作起到促进作用，才能真正体现出自身的价值。

2. 规范的管理必须形成以教学为中心的系统

系统的建构过程实际上就是从不同的角度和层面对事物之间的结构进行有利于整体运行的调整。从系统论的角度讲，事物的性质是由结构决定的，因此，所谓系统的管理，就是着眼于整体与部分之间、整体与外部之间相互联系、相互作用、相互制约的关系，综合精确地研究事物的结构性关系，从而使管理达到最佳化的一种工作模式或方式方法。系统的管理方式具有整体性、全面性、结构层次性、相关性、动态平衡性等特点，它从深层次上反映了现代科学和现代管理整体化、综合化的发展趋势。从管理主体的角度讲，以系统管理的理念为指导，对人才培养的教学规律和实践进行系统建构的过程，实质上就是一个创造的过程、创新的过程，因此也是教学质量管理规范化、制度化、科学化的过程。

高等学校的一切管理工作都必须树立以教学为中心的整体观念、以师生为对象的服务观念和以规范为准则的科学观念。按照高等学校以培养人才为中心的职能特点，学校的各项管理工作之间的关系就不能是并列的、各自独立的关系，而应该是以教学为中心形成的、从不同的角度和层面服务于教学的系统结构关系。系统结构不同于一般性结构，按照系统论和结构主义的原理，组成系统结构的每一个个体的作用和价值不是由其自身决定的，而是由其在系统中的结构决定的。具体到一所学校来说，它是由各个子系统围绕着教学这个中心组成的总体运行系统，各个子系统的各项管理工作的作用和价值是由其在系统运行中的结构特征决定的。

只有在以教学为中心的系统结构中找准自己的位置，与其他子系统组成整体优化的系统结构，子系统才能体现出自身的作用，才能实现自己的价值。反之，如果离开系统结构将自己独立起来，子系统本身将变得毫无意义。因此，真正科学化、规范化的管理必须形成以教学为中心的系统。人才培养的质量管理工作只有形成以教学为中心的运行体系，才能真正实现管理过程的有效性。

（二）管理创新在于建立开放有效的运行体系

1. 质量保障运行体系保证了教学工作的中心地位

教学质量管理的最终目的是实现人才培养的质量目标，它的性质和功能决定了管理本身只是实现目的的手段。实施质量保障运行体系，使教学管理按照开放性的系统原则，将学校其他管理工作纳入有利于人才培养质量目标实现的系统结构之中，不但能充分发挥系统运行的整体性优势，调动其他管理部门更好地为教育教学管理服务，而且有利于发挥系统运行的环境适应性优势，在教职工中进一步明确人才培养是学校最根本的办学职能的观念，强化教学工作是经常性的中心工作，办学质量是学校生存发展的生命线的意识，进而创造有利于教学工作开展和教学质量提高的大环境。

从保障体系囊括的四大运行系统所体现的组织结构上分析，日常教学保障、教学质量监控、教育教学研究和专业教学评估系统的构建，基本上涉及学校各个方面、各个层面的职能范畴，从而有利于使一些原先没有联系或联系不紧密的部门或单位改变过去那种孤立的工作模式，自觉地加入人才培养的大系统，成为大系统中的一个子系统，使自我的运转成为教学质量形成与提高的促进环节。这样就能从根本上改变各管理部门只重视单因素评价与单层次运转的弊端，真正实现以学校的办学定位和人才培养目标为基础，调动起学校不同的工作系统和不同的工作层面，共同形成相互关联、相互支撑、相互促进和不断优化的运行关系，从不同的角度共同形成对日常教学的全方位质量保障运行体系。

2. 建立以系统为载体的质量保障运行体系

对于加强高等学校教学工作，强化整体性观念是十分重要的。按照系统思维的目的性特征，任何系统的建立都具有一定的目的性，都是为了实现一定的功能。所以，当在传统体制下设置的管理部门的工作目标与新的人才培养目标发生方向性偏差，特别是在职能实施中显示出矛盾状态时，就有必要按照系统思维的方式进行调整更新，通过结构性改革构建有利于新的培养目标的办学运行系统。

从本质上说，新的运行系统的构建体现在目的性功能上，必须做到各职能部门在人才培养的质量目标上协调统一。具体来说，就是以培养高素质人才为原则，围绕三个层面的人才培养的质量目标，实现四个方面的质量考核过程的优化运行。优化运行的基本表现，即是与教育教学工作直接或间接相关的职能部门紧密配合、相互协调，共同对人才培养过程起到全方位的保障与促进作用。

除了系统的目的性功能之外，了解与把握系统本身的相关性、整体性和层次性特征，对保持各部门之间的能动性整合与协调状态也是至关重要的。系统的相关性指的是系统内的各要素要牢记自身的每一个行为或改变都会影响到其他要素的作用力的发挥，甚至会对整体系统产生决定性的影响。"木桶理论"不仅提醒人们不要做那块最短的木板，它的延伸意义还在于组成木桶的木板之间必须结合紧密，形成密不透水的合力，只有这样才能使木桶发挥盛水的作用，进而真正使每一块木板体现出自身的价值。

系统既不是各个要素的简单相加，也不是随心所欲的自我集合，它的效益是按照整体目的，基于相关性、层次性的结构特征，各要素相互依赖、相互促进地集合在一起而实现的。具体到学校众多的管理部门来说，只有通过有序调控和整体协调，使有关部门按照相关性、整体性、层次性的原则，共同形成有利于人才培养目标的优化结构系统，才能使各管理部门之间形成一加一大于二的整体性功能。

二、高校学生教育规范化管理的日常教学保障系统

教学工作是高等学校经常性的中心工作，其他各项工作都必须围绕着有利于教学的原则来开展。这一思想观念应当是学校的每一位管理者都承认的。教学作为贯穿办学整体过程的日常活动，本身具有能够相对独立运行的特征，具有一定的伸缩性，在各种硬性的突出任务面前很容易为其让位。从整体上看，无论日常教学工作如何让位，表面上整个系统仍能保持常规运行状态，然而长此以往，必然会使教学自身的运行结构和环节受到损害，进而使教学质量受到实质性影响。因此，在日常办学过程中，如果不能形成以教学为主的全校统一的整体系统运行机制，各个部门都以自身的职能任务为工作目标，为完成阶段性目标或临时性突击任务，采取非正常措施将人们的精力和学校的财力物力吸引到临时性工作之中，就很有可能出现今天这项工作成了中心，明天那项工作又成了中心的现象。因此，为了保证教学工作的中心地位在任何情况下都不动摇，必须构建日常教学保障系统。

（一）日常教学保障系统的构建及组织保障效用

1. 日常教学保障系统的结构内涵及工作原理

日常教学保障系统作为学校既定体制运行规则之外的特殊性、应急性的运行体系，属于校长在教学质量第一责任人的职权范围内构建的临时性机制。为了使有关部门和单位在日常教学中真正担负起质量保障职能，这一保障系统最好以校长办公室为总的协调和牵头部门，教务处作为在校长和分管校长领导下

管理协调全校教学工作的职能部门，主要负责对教学保障工作各环节具体情况的处理和检查。日常教学保障体现在教学过程之中，内容应包括课堂教学、学生自习、实践教学、实验实训、考查考试和学生课外所从事的与教学有关的一切活动。

根据高等学校通常的机构设置及职能规定，其责任部门及单位除校长办公室和教务处以外，还应包括宣传、团委、学生工作、后勤管理等单位。这些部门和单位能否尽职尽责，特别是能否及时有效地处理日常教学中出现的问题，不但会影响院系日常教学的运转情况，也会在很大程度上影响学生的自我学习和自我设计，特别是在实践训练和实验教学等对教学资源环境要求比较具体的环节上会直接影响教学质量。

在日常教学过程中，院系作为组织和实施教学的最基本的单位，在教学组织和管理上经常会在教室用电、设备运转、仪器维修和信息传输等方面遇到一些临时性的故障或困难。解决困难、处理故障或者采取一些临时变通的措施，往往要涉及人、财、物的管理部门。实施日常教学保障系统的工作模式，在保障日常教学运转的单一职能层面上，按照特事特办的运转结构组成相互监督和促进的系统，在校长办公室的总体协调下，为保障日常教学形成一种新的结构关系。换言之，这种结构关系的运转协调机制只有一个单纯的目标，那就是保障日常教学工作。它任务单一、目标明确、责任具体，绝不会出现推诿扯皮、渠道不畅、拖延误事的情况。

有关人、财、物的管理部门，它们的工作职责所涉及的部门和单位是多层面、多结构的，如果按照惯常的工作规范运转，有很多事情必须走程序、等时间，而如果按照学校一切工作都必须服务于教学的指导思想，就可以将其保障日常教学运转的部分职能抽出来纳入日常教学保障系统的运行结构之中，直接在校长办公室的协调下运作。这样的结构运行能做到专人专事、目标明确、职责单一，能保证信息渠道的畅通，便于与有关部门相互协调，使院系反映的情况能及时有效地得到解决，也就能保证人才培养系统的正常运转，保障教育教学质量的如期实现。

2. 日常教学保障系统的构建与组织保障作用

所谓日常教学保障，主要是指为日常教学过程的所有主客体因素提供正常活动的外部保障。这一问题的提出与我国高等学校内部管理体制的现状有直接关系。从总体上看，高等教育已经真正进入市场化办学的运行状态，可学校内部管理体制还处在改革的起步阶段，由于各种复杂的原因，在很多方面进展缓慢。教育教学改革作为人才培养模式的更新，是学校内部的事情，是校长在职权范围内可以自行调控处理的。所以，为了适应市场化办学的需求，对于教育教学改革，高校必须大胆进行探索，促进改革不断深化。日常教学保障系统的构建，就是为了有效解决内部管理体制改革滞后于不断向纵深发展的教育教学改革的矛盾，以保证高校人才培养的中心职能和教学工作在高校中的中心地位。

校长在党委领导下全面负责学校的日常工作，是学校的法人代表，也是教学质量的第一责任人。在实际工作中，为了保证新类型人才的培养质量，可以在现有的组织结构框架内充分发挥自身职权的能动性与创造性，以教学为中心，将有关职能部门和单位组合成为日常教学保障系统，以保障日常教学工作的有效进行。

按照高等教育的运行规律，对日常教学的保障具体可以分为教学条件保障、教学计划保障、教学运行保障、教学环境保障和教学观念保障等不同的侧面与层面。这些侧面与层面涉及学校不同的职能部门和单位，它们各自都有既定的工作职能。在不同领导的分管之下，如果按照既定的工作规则，涉及不同部门的事情有时还必须先经过领导之间的协调，然后才能由部门具体实施，这往往是日常教学工作所等不及的。因此，要使教学这一中心工作在日常运转中真正得到及时有效的保障，必须建立超越既定管理体系的特事特办、急事急办的保障系统。

教学条件保障主要包括教学设施、仪器设备、图书资料、水电供应、运转所需经费等方面。在日常教学过程中，这些条件必须满足专业教学的需要，能适应教学内容、模式及方式方法改革创新的需求；在实施教学、实验和实践训练的过程中，教学场所和教学环境特别是仪器设备、水电供应等必须保证正常，或者出现问题能够及时解决，不影响教学进度和教学环节的质量要求。

　　教学计划保障主要是指从专业教学方案到教学大纲的制定修改，必须符合人才培养规格和人才结构目标。在这方面的保障标准要求有关部门必须根据社会发展变化对人才培养结构及质量目标的要求，及时组织有关方面对教学方案、教学大纲进行研制或者修订，并按时提供给具体组织教学的单位和任课教师；必须在教学运行过程中采取相关措施，使既定的方案和大纲顺利实施，并且对每一个实施环节按质量标准进行监控和检测。

　　教学运行保障主要是指在日常教学过程中，对运行过程中的每一个环节都要建立针对主客体因素的保障基础。具体来说，就是在管理的组织机构、有关的规章制度、质量的监控检测、各教学环节的运行规范等方面，都必须做到结构健全、目标明确，既有利于调动教学主体的主观能动性和创新积极性，又能保证包括产品（学生）输入和输出环节在内的整个教学过程按既定的质量标准优化运行。

　　教学环境保障与教学观念保障是相辅相成的。教学环境保障既包括小环境也包括大环境，既包括软环境也包括硬环境，涉及教学场所的安排与布置、教学时间和空间的使用效益、教学大环境的治安保卫等方面，这一切都直接或间接地影响着教学运转过程的质量实现。教学观念保障涉及方方面面，如教学人员、教学资源环境管理人员、教学管理人员以及学生管理人员，还有校园内与教学发生直接或间接关系的行为主体。这些人员的教学观念会共同形成一种校园文化氛围，这种氛围是影响教学过程及其质量实现的重要因素。因此，必须采取措施，使其对教学质量起到支持和保障的作用。

　　广大教职工对教学工作的地位和作用的认识、对教育教学质量的理解、对人才结构和培养模式改革创新的接受度等，都能形成一定的校园文化氛围，进而影响教学的改革与发展。宣传部门在这方面担负着较大的责任，如何按照党和国家关于高等教育发展的方针政策，结合高等教育大众化发展的时代特征，面向广大教职工大力宣传本科院校的办学定位和发展方向，让大家理解人才培养模式改革的必要性，认识保障教育教学质量对学校发展的重要性，就显得非常重要。

（二）日常教学保障系统的结构功能与组织机制

1. 促进保障系统形成运作规范

日常教学保障系统组成部门和单位的主要责任人，是日常教学保障的第一责任人，为了有利于突发事件和特殊情况的处理，第一责任人可以指定具体的负责人来负责处理和解决临时性的事故与问题。为切实做到保障到位，教务处应该从日常教学检查和质量监控的角度，选择专门的工作人员负责对各工作环节的检查督促，通过电话、网络、教学信箱等不同的方式，为教师和学生搭建起及时反映问题与获得反馈信息的渠道。这里所指的问题不仅包括日常教学过程中的硬件条件，还包括软件条件，譬如对人才培养方案的执行情况、教学计划的落实情况、教学大纲的适应性，以及第二课堂的开发和实践教学环节的构建情况等。教师和学生都可以随时通过电话、网络、填写教学信息表等方式发表自己的意见和建议，对需要解决的问题进行反映，并对问题解决的情况进行满意度评价。评价结果应作为考核职责部门和单位的重要依据。

作为全方位、多角度地保障日常教学工作正常运行的系统，日常教学保障系统是以保证人才培养的过程质量为核心、以教育教学过程中的各个运行环节为重点、以满足"教"与"学"双方的主体活动需求为目的的服务性管理系统。被纳入这一系统的职能部门和单位，依照自身的职权范围和职责目标遵循及时有效地为教学服务的原则，组成合理有序的系统结构，从而形成相互协调、相互促进的运行机制。

在具体的工作过程中，为了增强保障日常教学的自觉意识和主观能动性，必须依据各有关部门和单位的管理权限将目标任务具体化为岗位工作的质量标准，落实到实际的工作环节之中，以检验该部门、该单位与日常教学相关的管理和服务工作，促进各工作岗位切实做到高标准、严要求，真正将保障学校日常教学作为平时工作的重心。对日常教学中基层教学单位和师生反映的问题，都必须做到反映渠道畅通，有求必应，处理和反馈及时。对于本部门、本单位难以独立解决的重大问题，应及时提交领导小组研究决定。

从总体上看，这样的工作机制目标统一，责任明确，要求具体，运行规范，不但能促进保障系统的不断优化，而且有利于职能部门和单位在平时的工作中强化以教学为中心的理念，促进"人才培养是高校的首要职能""教学工作是学校经常性的中心工作"思想的全面落实。特别是在高等教育结构转型的形势下，人才培养模式不断更新，教育教学改革日益深化，而高校内部管理体制改革只能稳步推进。要有效解决传统体制与探索创新之间的矛盾，通过构建日常教学保障系统探求新的组织结构功能，通过规范化的过程质量管理构建人才培养的全新机制，既是必要的，也是科学可行的。

2. 结构功能对日常教学工作的强化

日常教学保障系统是一个包含应急性处理的运行系统。为加强对这一系统工作的领导，学校可以成立以分管校领导为组长的日常教学保障系统领导小组，具体领导和研究日常教学保障工作，解决有关问题。日常教学保障系统的责任部门和单位，在保证自身正常职能范围内的工作正常开展的同时，及时接受和处理日常教学工作中的突发问题。这种将职责工作具体化、措施化，将具体工作日常化、责任化的方式，本身就是对教学工作的一种强化。这种强化可以从不同的角度去促进，包括提高部门负责人和工作人员的思想认识，采取宣传、教育、组织鼓励等措施，但这样做起到的往往是孤立的就事论事的效用。事物的性质是由结构决定的，将有关部门和单位在日常教学保障的功能层面组成一个系统，就从事物的结构性意义上决定了这种保障功能的稳固性。

作为一种富有独特结构意义的系统功能，日常教学保障系统决定了对日常教学工作的强化不是临时性和偶然性的，而是结构性的。结构性从本质上决定了事物的有效性。与此同时，这种系统效用的运行过程还会从实践层面上真正改变人们头脑中"教学管理只与主管领导和教务部门有关"的意识，使保障教学变成大家共同的责任与期望。涉及保障系统的各个部门和单位，应该明确其在日常教学保障中的具体责任。

宣传部门按照组织机构分类，是党委下设的工作机构，然而将宣传部纳入日常教学保障系统之后，系统的结构性意义又赋予其对教学工作更多的保障性和服务性功能。除了在学校统一安排下与教务处相互配合，进一步促进思想政治课和政策形势课教学的改革创新以外，包括校内外的宣传报道等在内的各项工作也要更有利于强化符合教学日常运行和教学改革需要的规律性认识，促进由对教学工作的表层宣传向研究型的深层宣传转化，在实质上营造出一种有利于教学的内外部环境。这可谓是对日常教学的一种深层次保障。"如利用课余时间在校园组织特色活动的宣传工作，印发一些传单，在教室播放相关视频，制作相关海报，借助校广播站广泛传播关于活动的有关信息，也可以借助互联网、校园网等，可以构建一个高校互动平台，各系支部可以互相交流经验、分享经验。"①

教务处作为按照学校赋予的职权行使教学教务管理职能的部门，在平时行使教学组织协调、指导和教务管理职能的基础上，会更多地将工作转向对教学过程和教学质量的监测，进而由事务管理转向过程监控和质量反馈式的规律性、研究性管理。

其他各有关部门和单位及其职能，主要包括团委、学生管理部门对学生的日常管理、公寓管理以及劳动实践课的管理，后勤产业管理部门对水电供应、教学场所和有关设施的维修保护，人力资源和社会保障部门对师资配备及兼职教师聘任的管理，国有资产管理部门对教学设施和实验室及有关设备的维护，财务管理部门对日常教学经费开支的保障，安全保卫部门对教学环境和教学场所的安全保卫，图书馆对师生图书资料借阅、报刊阅览和自习室的管理等。

日常教学保障系统的运行实施细则和职责要求，都会使这些部门和单位常规的职能在保障教学的层面上更加具体化、明确化。特别是这些部门和单位直接对院系做出的承诺，譬如面向全校公布的直接责任人和联系电话等，会进一步显示出制度和机制强化所产生的特殊效应。在组织制度监督和师生监督的基础上，会促进职能部门与师生之间的直接联系并在这种联系中提高服务意识，从各个环节和不同层面对日常教学起到全方位的保障作用。

三、高校学生教育规范化管理的教育教学研究系统

教育教学研究作为对教育教学工作在理论上的实质性探求和实践上的规律性总结，不但是高校科学研究和教学工作的重要组成部分，而且是与学校发展

---

① 孔东，高霏. 高校学生党支部规范化管理机制 [J]. 成功（教育），2011（02）：264.

关系最为密切、对教育管理和教学改革的推进效应最为直接的创造性活动。

（一）教育教学研究中教学质量管理的必要性

强调教育教学研究的重要性，适应了高等教育内涵发展和进一步提高教育教学质量的需要。此外，强调教育教学研究的重要性还有一个重要的原因，那就是在高校中普遍存在着忽视教育教学研究的倾向。教研成果在各类评审中往往变成了软性指标，得不到应有的重视，从而直接影响到教育教学研究在高校中的地位，导致了教师对其重要性认识不足。

教育教学研究是高等学校科学研究的一个非常重要的组成部分，也是体现一所学校教师和管理人员学术性的重要方面。在高校的教学工作中，除了发现的学术水平、综合的学术水平以外，运用的学术水平和教学的学术水平也非常重要，这四种学术活动对高校整体功能都具有不可替代的作用。因此，围绕提高教学质量和人才培养水平，新建本科院校的研究必须强化为教学服务的思想，将重点搞好教育教学研究作为科研管理的重要任务之一。明确教育教学研究的指导思想和目标任务，全员强化教育教学研究意识，是本科院校促进教学质量和办学水平不断提高的重要措施。

（二）教育教学研究在教学质量管理中的作用

1. 加强战略研究与管理研究的重要性

按照本科院校的办学性质和发展方向，目前教育教学研究应该紧紧围绕培养高素质人才这个中心，以提高教育教学质量为核心目的，以有利于学校发挥优势、突出特色、增强实力、创建品牌为基本导向，通过对教育教学理论和实践的探索研究，实现办学理念的不断提升和思想观念的适当超前，在市场化办学的自觉性和能动性得到强化的过程中，使办学能力、办学效益和办学水平不断提高，进而促进学校持续快速健康发展。依据这一指导思想，从目标任务上讲，教育教学研究从宏观上可以分为三大方面：①关于教育教学的战略性研究，涉及学校的发展方向、办学定位、培养目标等；②关于教育教学管理的研究，涉及教学运行环节和过程、日常教学保障、质量评价和监控体系、以学生为中心的教风学风等；③关于教育教学自身的研究，涉及人才培养结构和课程体系建设、教学内容方法、课堂教学改革等。

关于教育教学的战略性研究直接影响到学校的发展策略和办学定位，是一项十分重要同时也非常紧迫的工作。在这方面，需要厘清的是本科办学理念问题。几乎所有的本科院校在举办本科教育之初都会开展关于本科办学理念的大讨论，其目的也正是解决这个制约学校办学的关键性问题。因为办学理念实质上是对如何办好大学和办一所什么样的大学的高度概括的理性认识，一所大学的办学理念确定后，会直接影响办学的整个过程和各个方面，并对教师、学生和管理人员的目标追求、行为实践起到导向作用。办学理念从根本上决定着一所学校的办学风格和办学特色，并通过与之相联系的学风、教风和校风，从深层次上影响学校的办学水平和教学质量。所以，通过认真研讨使全体教职工树立起正确的符合学校实际的办学理念，是十分重要的。

要使高等教育保持引领时代思潮的活力，真正起到推动社会发展的作用，确立具有时代先进性的办学理念至关重要。而要确立正确的办学理念，就必须认真研究时代对高等教育的要求，具体分析学校办学实际。具体来说，高等学校必须适应办学性质和功能的时代性变化，结合当前的办学目标和任务，冲破旧经验的局限，在实践中自觉地确立科学的、与时代发展相适应的办学理念，并通过教学管理的制度化和规范化将其落实到办学过程之中。从总体上说，做好学校的发展战略研究，树立以人为本的办学理念，不但对学校的实际办学具有指导性意义，而且对于学校沿着正确的办学方向发展具有长远的历史意义。在高等教育发展的关键时期，只有做好学校发展的战略性选择，找准学校定位，认清发展方向、培养目标和服务面向，才能适应社会发展，在市场化竞争中站稳脚跟。

教育教学管理研究对于本科院校来说，理应成为每一位教学辅助人员、教学管理人员和学生管理人员的重要任务。在这方面，新建院校需要研究的课题有很多。对于新建本科院校来说，最重要的是搞好教学管理，规范管理是保证教育教学质量的前提。在确立正确的办学理念、办学定位和发展目标的基础上，结合办学实践，认真探讨教育教学管理机制和特色，是尽快实现办学效益和学校跨越式可持续发展的保障。

2. 关于教育教学自身的研究是教学改革创新的驱动力

关于教学研究，是教育教学研究的重点和核心，一所学校教学研究的水平会直接影响教师的教学水平和教学管理人员的管理水平。从高校办学的实际情况来看，教学研究是保证教学质量不断提高的基础，特别是对于任课教师来讲，加强教学研究是专业化的必然选择。

（1）只有进行教学研究，才能促进自身的教学能力不断提高。一位出色的教师必然是教学能力强的教师，教师的教学能力在提高教学质量的过程中具有举足轻重的作用，是教师进行教学工作创新的必要条件，是增强教师说服力和感召力的关键因素。要提高教学质量，必须提高教学能力，而要提高教学能力，必须重视教学研究。

（2）只有加强教学研究，才能促进教学工作的不断创新。教学是一个能动的过程，教师不仅要善于创造求知的共同基础，而且要通过各种形式创造一种求知的环境与氛围，把学生和自己都推向新的创造性的方向。从这个方面来说，教学需要教师有创造性和创新精神，包括内容的创新、方法的创新、手段的创新等。要创新，就必须加强研究，包括汲取、借鉴教学研究的最新成果、教学改革的最新经验以及学科建设的最新成就，更包括对自己教学的不断反思。

（3）只有加强教学研究，才能促进和深化课堂教学改革。面对高等教育大众化带来的办学规模的扩大和人才培养模式的更新，教学改革势在必行。从精英教育到大众化教育，从单一的教育对象到多层次、多类型的教育对象，要想找准不同形式的教与学的敏感点，就必须对教学目标、教学方法、学生素质等一系列问题进行认真研究，进而找到相应的符合新要求的教学模式。

单有学科研究的成就而对教学研究缺乏兴趣的教师，其学科优势会随着教育教学信息化的不断发展而逐渐减弱。只有加强教学研究，特别是对现代化教学模式和方法的研究，真正从传统的以教师为中心转变为以学生为中心，注重在教学过程中给学生以更多的学习策略的指导，包括充分运用现代教育技术与信息资源，努力创造条件不断实现教学模式的创新，才能使教学不再囿于单一地传授知识的套路，真正使课堂成为学生们认识发现知识、研究探求知识和建构实践知识的交流平台，使教学工作以引导学生个性化高效学习为主，与学生建立一种新型的教和学的关系，调动学生的学习热情，激发其学习的积极性，培养学生的自主学习能力和创造能力。

四、高校学生教育规范化管理的教学质量监控系统

教育教学质量是由人才培养工作从输入到输出的全过程决定的。在这个过程中，为了保证行为与最终目标之间的协调性和符合度，需要建立与培养目标相适应的教学质量保障体系。质量保障体系具有质量决策、信息预警、目标激励和过程调节等功能，是对教学工作进行全过程、全方位的质量监控与保障所不可或缺的教学要素，质量监控则是质量保障体系中最重要和最基础的工作环节。质量监控是以一定的质量标准为依据，通过对产品生产环节的过程质量进行监督和控制，进而保证产品最终质量实现的一种管理手段。教学质量监控则是通过对教学质量形成过程中各个环节的监督检查，及时发现存在的问题并加以解决，进而运用一定的控制手段，使教学按照既定的质量标准和运行规范有序进行的管理手段。

从质量保障的角度来说，教学质量监控是规范教学程序、实现教学目标必不可少的环节，是科学化和规范化管理必不可少的重要部分，是实现教学过程不断优化的重要措施。"教学质量监控是高校教学管理的重要核心之一，教师可以根据监控情况不断提升自身教学水平。"[①] 教学质量监控系统是保障监控工作的科学化、规范化和正常化的必要组织结构。高等学校教学质量体系包括目标体系、组织体系、方法体系和制度体系等重要部分。教学质量监控系统将目标体系、组织体系、方法体系和制度体系的有效功能纳入现实的运行系统中，使其功能经过系统结构的优化，从不同侧面和层面保障质量监控的及时性与有效性。

（一）教学质量监控系统的组成因素

1. 质量监控的目标体系

目标管理注重管理的结果，一般不对行为本身进行过于专业化和程序化的

---

① 付冬波，吴伟丰. 教学质量监控系统多维度分析的设计 [J]. 科学咨询（科技·管理），2021（10）：93.

监控。它是将管理组织要达到的目标与从事各项管理工作的人员的职责密切结合起来，从而形成一种人人参与、全程负责、全面落实的管理方法。目标管理所体现出的全员参与性、过程完整性、运行的可持续性和组织的科学性等特征，恰恰是比较完善的教学质量监控模式的结构特性。从本质上说，教学是一个既完整又开放的过程系统，教学质量的实现是教学管理、教师、学生、教材、教学设施和设备等诸多因素共同作用的结果。换言之，人才培养的最终质量目标是由教学过程中许多的子目标构成的，这些子目标并不是孤立的，而是围绕着总体目标的实现所形成的一个有机整体。

如果将教学的最终目标进行分解，那么在不同层次、不同阶段和不同环节上都会形成不同的子目标，这些子目标在方向上与总体目标保持一致，形成一个相互联系、相互影响的目标体系。质量监控的目标体系正是以人才培养过程的目标体系为依据，紧紧把握住影响和控制质量实现的关键性过程，即人才培养的目标定位、结构模式、教学方案和课程设置等，构建形成的阶段性目标监控体系，具有整体性、相关性、层次性和动态性等结构特征。因此，教学质量监控的目标体系涉及教学全过程的不同阶段和不同层面。从实质意义上说，质量监控的目标体系具有整体性与相关性效用，能避免利用几个监控点的质量来代替整个教学过程质量的弊端，进而避免走入以偏概全、急功近利等偏离教学总体目标的监控误区。

教学质量目标既是教学质量管理工作的行为目标，又是质量检查和评价的标准。教学质量监控的终极目的是促进人才培养过程体系的不断改进和优化。具体到本科教育来说，培养高素质的人才是学校必须明确的办学目标定位。作为本科高校，人才培养的目标结构不但从根本上决定了具体的人才培养模式，而且从教学环节上决定了教学模式、教学方法的改革方向，而以上这些方面的改革又会影响到各个教学环节质量标准的确定。所以从实质上说，质量监控的目标体系是以学校具体的办学定位和人才培养目标为出发点的，它结合学校人才培养的基本模式和具体的实施方法，通过有效的检验标准和监控手段，从教学的全过程、全方位上控制影响质量的各个环节，保障整体运行始终保持优化的结构状态。

　　质量监控的目标体系所追求的最佳状态是促使人才培养从输入到输出的运行系统始终保持一种耗散结构状态，使其最大限度地发挥系统的结构开放功能与信息交换功能，以及平衡态与非平衡态的相互促进功能，以促进质量目标的形成过程处于一种最佳状态。

　　因此，坚持教学质量监控的目标体系必须认真研究教学质量总体目标与子目标的关系，根据实际情况对人才培养目标进行具体分解，以形成纵横交错、上下贯通、关系协调的教学质量监控系统，使质量监控更加科学化和具体化，更加具有可操作性。

　　2. 质量监控的方法体系

　　教学质量监控的方法是否科学，直接影响到监控的准确性、科学性和成效。做任何事情，方法都是头等重要的，因为方法的选择及好坏直接关系到最后的成功与失败。方法正确，运用得当，工作的效率高，效果就好；方法不正确，效率就低，效果就差。科学方法对于教学质量监控来说是极为重要的。

　　教学质量监控的方法有很多，从宏观的角度来说，系统论的方法体系、控制论的方法体系和信息论的方法体系，经过优化选择都能运用于教学质量监控工作当中；从中观的角度来说，集中监控与日常监控相结合、全面监控和重点监控相结合、专职机构监控与相关部门监控相结合、定性监控与定量监控相结合、校外监控与校内监控相结合等，都能衍生出功能不同的质量监控方法；从微观的角度来说，则可以选择信息采集方法、定量计算方法、定性认定方法、资料收集调查方法、抽样分析整理方法等。

　　以教学督导为主体的全方位、全过程和多层次的教学质量监控体系，从学校质量监控指挥决策、教育质量评估信息收集整理到人才质量评价信息反馈，再到人才培养模式改革创新，在实践中逐步形成了教学督导、教学评价、教学决策、教学组织等各环节协调统一的人才培养系统的管理方式，使教学质量监控真正起到了把握教学状态、控制教学过程、及时反馈信息的作用。在学校教学指导委员会指导下，教学督导组织、教学评估组织、教学信息收集整理组织与有关的职能部门协同工作，能基本实现学校、学生、专家和各级教学管理人员等多角度立体化的评价监控，使人才培养系统的运行过程质量和工作环节质量得到全面、全程、及时、有效的监控。在监控过程中，通过采用切合教学实际的监控方法，包括应用现代教育信息技术等现代化的监控方法，能不断促进教学内容的改革和教学资源的优化，使专业建设、课程建设、课堂教学、教学实验、专业见习与实习等教学条件和教学环节严格规范地按照质量标准运行，从而为保障人才培养质量奠定基础。

3. 质量监控的组织体系

教学质量监控的组织体系，是促进教学管理体系实现其质量管理目标的载体，是保障监控系统按照既定的制度和目标正常运行的组织基础。根据不同学校的办学特点和机构设置，教学质量监控的组织体系会表现出不同的结构特征。但是，无论学校的办学定位、办学目标和人才培养规格有什么不同，只要是以培养合格的人才为目的，就必须把教育教学质量作为学校发展的生命线，重视建立办学的质量目标。要保证质量目标的实现，除了要注重办学指导思想、基础办学条件和其他有关教育资源的建设以外，还必须采取各种有效措施来保障教育教学的正常运行。要使既定的人才培养目标圆满实现，就必然要采取有效的监控措施。监控的内容当然要符合人才培养的结构特征和质量标准，而教学质量监控的手段和方式方法则是多种多样的。

从总体上说，要使这种监控更加符合教育教学的内部规律，高校必须认真研究人才培养的结构特征和质量标准，必须依据这种结构特征和质量标准确定具体的监控模式与方法手段。要使教学质量监控真正适应教育教学的基本规律，有利于促进人才培养从输入到输出整个过程的不断优化，就必须建立起符合办学规律和人才培养规律的监控体系，真正做到使监控体系以健全的组织体系为基础，充分发挥其内在的优势。

本科院校教学质量监控的组织体系应该包括校长、主管教学的副校长、有关职能部门以及院系和教研室等具体操作执行的部门。根据不同学校的具体情况，质量监控组织体系的结构和形态可能有区别，但都应该针对督导、检查、监测、调研、评估、反馈等职能，或建立新的监控组织，或在原有组织机构中确定新的职能和责任，或根据工作需要组织临时性的工作班子，以满足对教育教学关键环节的监控需求。这种质量监控组织体系的作用能促使教学工作按照人才培养的既定目标运行，能促使学校所有的部门和单位自觉形成以教学为中心的运行状态。

质量监控的组织体系强调的是组织结构的功能作用，不论学校的哪一个部门、哪一级单位，都要服从培养人才这一首要职能。所以，作为大系统中的一个子系统，只有在以教学为中心的系统结构中找准自己的位置，与其他子系统组成整体优化的运行系统，才能体现出自身的作用，实现自身的价值。因此，通过有组织、有目的的质量监控促使学校所有部门和单位自觉形成以提高教学质量为中心的系统运行结构，是质量监控的组织体系构建的核心意义。

4. 质量监控的制度体系

要实现监控的科学化、规范化和长效性，组织体系必须以制度体系为基础，因为制度问题更带有根本性、全局性、稳定性和长期性，建立完善的制度体系是保证教学质量监控体系规范运行的前提条件。不论是职责权限类制度、方案指标类制度还是综合规定类制度，都应该做到联系实际、切实可行。制度体系的构建应该以目标体系为依据，根据学校的办学定位和人才培养目标，结合高等教育的教学规律和学校自身的管理特点，尽量做到科学合理、符合实际，在此基础上不断提高具体化、精细化和量化程度，最大限度地提高可操作性，便于考核。

建立健全教学质量监控的制度体系，有利于从不同的层面、不同的角度全方位地规范教学工作。具体来说，质量监控的制度体系应该包括常规教学检查制度、日常教学督导制度、学生评教制度、各级人员听课制度、教学信息反馈制度、教学工作评估制度等。总之，只有将行之有效的质量监控方式方法制度化，才能使教学质量监控规范化，进一步提高其科学化水平，使监控更加有效。而只有使质量监控的制度形成体系，才能实现全方位、全过程的质量监控目标。

所谓全方位、全过程的质量监控，不但是指对教学的全面监控，还包括对以教学为中心的学校整体工作运行状态的监控，因为从事物运行的系统结构上分析，整个学校各个工作系统所形成的总体运行状态会直接影响教育教学工作的质量实现过程。教学工作在学校整体系统中处于中心地位，而其他方面的活动都是为教学的正常有序开展服务的，包括学校的各种管理活动和后勤服务活动，这些都是学校的知识活动的辅助活动。这种主从关系是不容颠倒的。所以，从人才培养的内部规律上说，只有健全质量监控的制度体系，才能从实质上促进学校各个子系统工作的规范化，进而形成整体优化的工作状态，保障教学质量和人才培养质量目标的实现，这是质量监控毋庸置疑的重要方面。

（二）本科教育教学质量监控的"3+3"模式

1."3+3"模式及其科学性

质量监控是高等教育教学质量管理的重要方法和手段，而教学质量监控模式的构建则是决定这一方法和手段是否具备科学性与现实性的重要因素。特别是在高等教育大众化的社会环境下，教学质量监控的起点和最终目标随着学校办学定位的不同而有明显的区别。新建本科院校需要通过构建符合自身办学定位和培养目标的质量监控模式，形成科学、规范、高效的运行机制，进而为不断提高人才培养质量提供运转动力和组织制度保障。

由于教学质量监控模式的构建涉及教学工作的各个方面、各个环节和整体过程，影响到与教学直接或间接相关的各方面的有效因素，所以要建立符合学校实际的科学有效的监控模式，不但要认真研究教学本身的运行规律和特征，还必须认真研究教学质量观念、教学组织结构、教学管理模式等方面的现状和发展趋势，进而从思想方法、策略目标和应用手段等方面构建起真正符合学校办学实际和人才培养目标的质量监控模式。

教学质量监控的应用模式离不开质量监控的主体和客体两个方面。从主客体两个方面分析，教学质量监控的"3+3"模式比较符合办学实际和人才培养目标。所谓教学质量监控的"3+3"模式，主要是指教学质量监控在主管校长领导下，由教学指导委员会宏观指导，教务处组织执行，院系具体实施，有关部门积极配合，通过三种渠道对教学工作的三个层面进行监控。

教学工作包括三个层面：①教学基础层面，包括教学计划制订、教学大纲编制、教学条件准备、教师的业务水平等；②教学过程层面，包括教案编写、课堂讲授、考试考核、成绩评定等；③教学效果层面，包括综合体现学生成绩的各个方面指标，社会用人单位反馈的信息等。

为了实现质量监控的日常化、全面化和规范化，从监控主体的角度可以通过三种渠道进行监控：①管理系统监控；②督导系统监控；③信息系统监控。这三种渠道的监控各有侧重，三者相互配合，可以对教学工作形成全方位、立体化的监控网络，从人才培养整体过程的运行环节上保障教学质量按照既定的目标形成，真正使质量监控在教学管理中发挥其基础性、过程性和全面性的保障作用。

2. 信息系统监控的环节具体性和客观规律性

为了不断完善教学质量保障体系，许多高校设立了专门的教学督导机构，建立了自主式教学质量督导监控模式。教学督导本是一种日常教学管理制度，它的主要任务是根据人才培养目标和教学基本规律的要求，对教学活动及教学管理的全过程进行检查、监督、评价和指导，从而为学校领导和管理部门提供改进工作的依据。

教学督导工作需要发挥"督"的职能与"导"的作用。从工作的性质和运行规律上说，这就是一种教学监控。从组织结构上讲，教学督导机构与教学管理部门之间既有配合协调的关系，更有监督和建议的关系。教学督导则主要是通过对教学活动各环节和教学管理过程的质量进行监督、检查、评估、控制和指导，来促进教学质量的不断提高。因此，将督导系统监控作为教学质量监控中的一个体系，有利于从超越管理系统内部、更为客观的角度对教学质量的各个方面进行监督控制，进而为学校提供决策建议。

督导工作的内容和性质决定了督导工作行为主体必须具备较高的教育教学理论水平，有丰富的教学经验和管理经验。因此，一般来讲，为了保证教学督导工作的科学性和先进性，真正使督导对教学质量起到监控作用，无论是学校还是院系的督导员，都应该从教学及管理经验丰富的离退休教授、副教授中选聘。除了工作需要，院系也可从在职的适合人员当中选聘。从总体上说，教学督导人员必须具备较高的个人素养和业务素质，忠诚于党的教育事业，熟悉教育教学规律，特别是对于新建本科院校来说，还必须具备较强的教育教学改革意识，能自觉认真地研究本科教育的教学规律，正确认识人才的培养结构和培养模式，能够根据新的人才结构特征掌握和探讨新的质量标准。

在具体监控环节和运行模式上，在分管校长的领导下，有条件的学校最好成立单独的教学督导管理机构，当然也可由教务处负责协调管理。按照质量监控的"3+3"模式，督导员的主要职责是监督、检查、指导院系专业教学方案和课程大纲的制定，检查教学计划执行情况和教学过程、教学环节的质量标准落实情况，对教学中存在和发现的问题提出意见和建议。除此之外，还要根据需要定期参加教学检查和教学评估活动，以便具体指导院系的专业建设、课程建设、制度建设、实验室和图书资料建设等。

各级督导组织必须依据学校和院系的工作安排，有计划、按程序地开展活动，并对督导情况及时进行总结交流。要根据教学改革和人才培养模式创新的需要，不断研究和探索科学有效的督导方式，积极配合日常教学的规范化管理模式。除了通过经常性的听课活动了解教学情况以外，积极采取专题巡视、专项检查、召开座谈会、查阅试卷和教学档案等多种方式，及时收集和反馈有关信息，真正使督导工作起到对教学质量进行及时有效监控的作用。

3. 管理系统监控的决策支持和制度保障优势

管理系统监控主要通过学校领导、教务处及有关部门、各院系、教研室的垂直管理线，形成对教学活动的指挥、执行、实施、检查等多项职能的监控体系。管理系统监控更多地体现出监控体系的组织保障功能。从主管校长、教务处及有关部门到院系、教研室，是学校教学工作由决策、领导、指挥到组织、安排、协调，再到执行、贯彻、落实的完整过程；就教学本身来说，教学管理也是通过这个组织结构形态实现的。就现行的监控方式和手段来看，教学质量监控最终是通过对教学活动与管理活动的效果和质量评价来实现对教学本身的控制的，因此必须遵循教学活动的规律。而管理系统监控正是借助教学管理的有利条件和平台，将教学质量监控与日常教学管理结合起来，利用组织保障这一优越的条件，把质量监控功能与教学管理功能融为一体，并使之相互促进、共同发展。

管理系统监控除了能使监控功能与教学功能相互结合、相互促进以外，还能借助决策支持和制度保障的优势，通过建立健全科学、合理且行之有效的管理制度来实现教学质量监控的功能，确保教学质量监控模式的有效性。譬如，几乎所有学校在教学有关制度中都专门突出了管理干部听课制度，对学校领导、职能部门主要负责人、院系负责人规定了具体的听课任务、听课范围、听课方式等。此外，教学管理人员还可依据制度规定的其他方法，通过学期检查、召开座谈会、专项调研等多种形式及时发现问题，做到对日常教学及时进行监测和调控。

五、高校学生教育规范化管理的专业教学评估系统

评估是强化以教学为中心的办学理念，进而促进经费投入，促进教学建设，促进管理规范，促进质量提高的有效手段。评估能够促进大众化进程中高等教育结构的优化调整，推进高等教育改革创新，同时促进学校合理定位，以强化特色办学，构建内部保障体系。具体到学校办学来说，通过评估可以发现教育教学目标中的不合理因素，并对其加以调节和改进；可以有效地指导教学工作，及时调整教学活动的目标与进程，进而提出改进方案。总之，对于学校内部管理来说，评估可以形成教学信息反馈机制，有利于改进和加强教学工作，提高人才培养质量与办学水平。

（一）课程建设评估与课程建设

1. 课程建设是一项复杂的系统工程

加强课程建设，对于一所学校来说，既是加强教学基本建设、提高教学水平、保障教育质量的根本性措施，又是具体实施人才培养模式、实现培养目标的最根本、最基础性的行为因素。从总体上说，课程建设是一项复杂的系统工程，必须以改革的理念来认识课程建设系统和规范，依据学校的办学方向和培养目标，努力建构科学的课程体系。课程即学习的内容和学习进程，从广义上说是教与学中各项活动的总和；在狭义上则是指一门教学科目的内容与进程。无论哪一个类别的学校，其教育教学目的和人才培养目标说到底都是靠每一门课程的传授和教学环节的活动来实现的。因此，课程建设作为学科建设的核心内容，是提高学校办学水平、体现学校办学特色的基础性工作。

所谓课程建设，是依据学校现有的教学条件和课程现状，按照人才培养目标的要求，从宏观和微观等不同的方面对所设课程进行的调整、更新、改革与完善，并对其相关要素进行基础性与提高性建设。从实质上讲，它应该是有所

建立、有所更新、有所创造的活动。落实到教学行为中，课程建设的目的应该是更有利于教与学过程中的知识传授、实践体验与个性发展，有利于启发和调动教与学双边主体的积极能动性。从教学实践和运作机制的角度来看，课程建设应该促进教学系统关键资源的不断优化，使各环节如教学内容、教学进程、教学手段、教学方法等的质量通过行为主体的能动性得到明显的提升，最终达到培养目标的要求。

课程建设是教学体系的基本建设，是一项复杂的系统工程，与之相关的要素有很多。从宏观上看，专业课程结构要体现一所学校的培养目标，要反映目标体系的核心，折射出学生的素质规格和知识能力结构；从微观上看，每一门课程要体现出符合人才培养目标要求的科学性、教育性、学科逻辑性，以及落实到教学活动中的可操作性。

从教学的本质意义和课程的根本目的出发，课程建设所包括的内容可以从四个方面来认识：①教学基本条件建设，包括教学计划和教学大纲建设、教材建设、教学实验及设备建设等；②教学活动内容建设，主要指教学内容和教学方式方法的改革、考试制度和实践环节的研究等；③教学主导力量建设，主要是师资队伍建设，这是直接关系课程建设成败的关键性因素，师资力量的强弱会直接或间接地影响其他因素的效用发挥，特别是在课程展开过程中的效用；④围绕着教学主体的有关因素的建设，学生是教学中的主体，这已经成为教育界的共识。因此，如何从教学条件、教学环境和教学过程入手最大限度地调动学习主体的能动性，是使课程真正由原来的教程向学程转变的关键。

尽管教育界过去也有过课程是知识、是经验抑或是活动的争论，但深入教育教学实践来考察，可以发现人们总是有意无意地从传授知识的载体这种单一层面上来理解和对待课程，孤立地进行课程建设和改革，因而难以取得真正的成效。事物的本质作用不可能是孤立、单一的表现，而是由所在的体系和结构共同决定的。所以，只有将课程真正置于宏观的教学活动的大系统中进行考察，彻底改变原先那种单一的结构性观念，真正从思维模式上转变对课程的认识，彻底把课程从灌输和传播文化知识的工具性定位中解放出来，从自在和自为的教育文化的高度上加以认识，从教学双方对话交流与研讨互动的层面上探索课程对于人才培养的意义，注重课程对学生的知识结构和方法理念的反思、批判、生成、构建效用，才能实现真正意义上的课程更新，进而在新的系统结构中把握课程的新观念，使课程建设为整体教学改革奠定结构性基础。

2. 以改革的理念认识课程建设系统和规范

（1）为了在深化改革的基础上加强课程建设，必须拓展课程概念的内涵和外延。高等学校的课程必须超越传统的教学计划中设置的"课业活动"这一概念。无论是从社会对人才的需要还是从新的人才培养环境来分析，都必须围绕传递知识、培养能力和提高素质的通识教育观念来理解课程的本质，认真探寻课程建设的意义，如此，才能打破原有的课程思维角度：①将"教"的单向思维转变为"教"与"学"的双向思维，进而承认课程不一定是学科性的，不一定有固定的标准，不一定有现成的权威答案，不一定按部就班地面向程度各异的不同学习者同步讲授；②将封闭的思维转变为开放的思维，充分强调课程设置的开放性和课程结构的整体性。要善于利用和充分发挥各种有利环境因素的作用，将静态评价变为动态评价，将以个人横向比较为主的选择性评价变为以个体纵向比较为主的发展性评价。

（2）为适应社会与学生个性发展的双重要求，必须大胆促进课程由教程向学程转变。追溯课程定义的起源，其含义是学习主体在外在作用引导下进行的各种学习活动的总和，实质上是以学生为主体形成的学习系统。近代班级授课制的实施使课程慢慢由学程变为教程。这本来是教育事业发展进步的体现，在总体上是与人类社会由农业社会向工业社会转变的第一次现代化进程相一致的。但是，如同任何事物都存在着矛盾一样，现代教育在为社会提供人力资源的同时，也在很大程度上压抑了学生的个性和创造力。因此，课程建设必须在指导思想上大力弘扬学生的主体地位。

课程建设必须以改革为基础，破除传统的课程权威意识，使课程的工具性价值转变为实施过程中的结构性价值，将教学的主体性效果转变为学习的能动性效果。改革后的课程所遵循的原则应该是自由的、开放的，最终形成一种自在、自律、自为的教育文化。必须改变那种灌输、传递既有文化知识的课程，促进学生在教学互动过程中全面提升自律自主意识，实现自我的知识建构与文化生成。

（3）为了适应市场竞争的需要，必须以人才培养结构为依据，构建适应时代和学科发展的课程体系。根据系统论的观点，事物的结构直接决定和影响着整体功能的发挥，组成系统的各个要素不能直接表现出系统的功能，必须通过各要素间的相互联系和相互作用形成影响，才能显示出系统的功能。因此，过去那种按照专业的学科组合来安排课程，将各种课程简单相加的拼盘式专业课程建设方案重视专业自身的结构，却忽视了以人为本的宗旨，专业的各门课程没有构成一个有机系统，在人才培养上的功能是不完整的。随着国际化与信息化的推进，社会所需要的更多是复合型创造性人才，这就更需要高等教育的课程建设在专业课程综合化的基础上追求课程系统结构的整体优化。

3. 努力建构科学的、有特色的课程体系

综观当前世界大学课程改革，基本趋势是重视基础教学，增大基础课比重，拓宽专业口径，加强创造性教育。高校面对的不再是一个按计划运行的封闭社会，而是一个充满了选择和挑战的开放社会。随着社会对人的整体素质要求的提高，过去那种以胜任某一种具体职业为直接培养目的的教育模式已逐渐失去存在的价值。特别是随着高等教育的大众化和普及化，一些国家已经开始在本科阶段淡化专业性，使本科教育逐渐成为一种基础教育，成为一种为人的发展提供多种可能性的教育。只有跟上时代和社会的发展步伐，不断更新教育教学理念，真正为学生提供以通识性教育为主的教育，才能为毕业生拓展出更加宽阔的人生之路——无论是毕业后继续深造接受研究生教育，还是走向社会选择就业、创业，都能够表现出充分的自主性与能动性。

按照这一目标定位开展课程建设，必须使课程设置由原来的纵向深入型转变为横向宽广型，做到文理科相互渗透、相互交叉、相互融合。要勇于跳出专业的传统观念，开设一些涉及文、理、工科的边缘学科和综合学科课程，以适应学科高度综合的发展趋势。

从宏观上看，课程设置的原则是宽口径、大组合、多元化、开放性。

（1）宽口径。即拓宽专业口径，实施大文科、大理科的专业课程设置方案。

（2）大组合。即主动适应社会发展需要，凸显本科教育的基础性特征，建立课程模块，进而在培养学生整体素质和能力的层面上形成课程优化平台。

（3）多元化。多元化主要是强调以人为本，鼓励学生在全面发展基础上的个性发展，不论是专业主干课程还是分支课程，都能为学生提供多种选择角度，特别是要增大选修课的比例，改变过去那种单一的培养目标、单一的教学渠道和方式方法，提供多方向的教育教学服务。

（4）开放性。开放性主要包括：①课程在培养学生能力方面要体现出开放教育的特征，要面向时代、面向社会进行自我修正和调整，从根本上说，知识时代最本质的特征是创造性，教育的任务不是单纯地让学生掌握现成的知识体系，而是培养学生的创新意识和创造能力；②课程体系和教学过程环节的开放，要彻底改变同步教学对学生形成的束缚，进而大胆探索异步教学模式，使学生根据自己的水平、基础、能力和兴趣在学校允许的范围内自主安排学习计划，自主选择学习时段，形成动态分流的局面。

高校要积极开设通识教育课程，在总体上淡化专业教育。根据本科院校的具体情况，可以通过探索构建通识教育的选修课，形成人文社科类、自然科学类、艺术体育类、教育学科类四大模块的公共课程供学生选修。各专业的选修课也必须强化文化素质教育、研究素养教育和科学方法论教育，围绕培养学生的自主学习能力、信息处理能力、外语应用能力、科研实践能力、创新创业能力、社会适应能力和市场竞争能力，适时开设一些实用性强，具有社会发展前瞻性，有利于毕业生就业、创业的课程。

在拓宽基础的前提下学有专长也是十分重要的，所以在课程体系的构建上，应该将拓宽基础和突出专长结合起来。从教育自身的规律性来分析，通识教育所提供的课程结构体系和教学管理模式，不但在观念上消解了封闭式的同步教学所具有的权威意识，而且在实践操作中也能给学生较大的自由度，使他们在教师的主导和指导下能在一定程度上按照自己的需要设计知识和能力结构，从而实现课程本质的教学互动性。

按照科学性、前瞻性和实效性相结合的原则，适应人才培养结构，本科院校的课程结构从整体上可以分为通识课程、专业课程、必修课程、选修课程和实践课程五个部分，在体系上可以分为课堂教学计划、研究能力训练计划和素质教育实施方案三个模块。其中，课堂教学计划作为重点部分，又可分为主干课程和分支课程。为了适应学科发展的需要，主干课程的建设在重视本学科的发展历史和内容特质的基础上，应重点关注学科发展研究，努力将学科前沿研究融入课程内容和逻辑方法之中；具体到分支课程的建设，要适应学科之间的交叉渗透，使新兴学科和学科群更容易融入课程。在系列课程建设中，要从纵向的角度注意课程的模式和层次，横向上注意课程的系列和类型，避免专业课程的内容重复、陈旧，以形成结构合理、层次清晰、整体优化的课程系统结构。

从总体上说，课程建设还要特别注意处理好局部与整体的关系、当前与长远的关系、一般与特色的关系、课内与课外的关系。无论哪一类学科的课程，在形成特色和成果的过程中，其每一个发展环节和发展过程都有有形或无形的东西值得总结。有形的如教学大纲、教材讲义、考试试卷、课题研究以及相关的成果，无形的则有不同时期的指导思想和观念意识、创新探索的精神因素等，这些有形或无形的资源对于课程改革和发展而言都是宝贵的财富，在课程建设评估中应予以高度重视。

（二）专业建设评估与学科专业建设

1. 专业建设评估的地位和意义

专业建设评估是本科教学工作评估的重要组成部分。专业教学是学校教学工作的基础，专业质量是评价学校人才培养质量的基础，所以通过专业建设评估，可以客观反映专业教学状况，有效保障人才培养质量。专业评估是以专业为对象，依据评估标准，利用可行的评估手段，通过定性或定量分析等方式，对专业建设和教学情况做出价值判断。与本科教学工作评估的总体原则一致，专业建设评估必须坚持导向性、科学性与可行性原则。专业是依据确定的培养目标设置于高等学校内的教育基本单位或基本组织形式，更具体地说，专业是高等学校根据社会分工、经济和社会发展需要以及学科的发展和分类状况而划分的专业门类。

因此，专业与人才培养和教学实践密切相关，在某种程度上成为学校办学水平和人才培养质量的基础。可见，专业建设是高等学校的教学基本建设，加强专业建设是高校可持续发展的重要前提。通过专业建设评估，可以进一步明确专业建设的指导思想，理顺专业建设的思路，坚持办学原则，依据学校办学目标，结合地方经济社会发展的需要，调整专业建设规划，采取积极有效的措施，使专业建设走上健康发展的轨道。

专业的设置，从学科的角度来说，是高校人才培养职能的重要体现，从社会的角度来说，是为了满足社会对从事某种职业的人才的需求。作为人才培养供给与需求的一个结合点，专业人才的培养首先必须弄清楚现实社会中不同领域的人才需求，进而分析专门人才在实际工作中所需要的知识及素质结构，才能有目的、有针对性地组织相关的学科进行教学，采取相应的教学方式来满足人才需求。专业建设的目标是培养人才，因而必须以学科为依托，以社会需求为导向，结合高校自身的办学基础，开展相应的师资队伍建设、基本条件建设，以及教学计划、培养方案、教材和教学建设等。作为促进专业建设的重要手段，定期进行专业建设评估，可以及时评价各个专业的办学状态，明确专业建设的目标和内容，促使各个专业办出水平和特色，并为专业调整提供依据。

2. 专业建设评估必须坚持的原则

专业建设评估的指导思想和原则，既要考虑稳定办学规模和符合质量要求的需要，又必须体现专业结构调整和内部改革发展的需要，总体上应该坚持科学性、适应性、整体性、导向性与可行性原则，做到过程评估与效果评估相结合，定性评估与定量评估相结合。

（1）科学性原则。根据本科专业建设与改革发展的基本规律和要求，合理地确定评估的要素、内涵和观测点，不论是指标设计还是评估方式，都必须坚持科学性原则。坚持科学性原则需做到：①符合高等教育的本科办学规律；②适应教育教学的改革发展；③适应社会对综合性高素质人才的需要。要真正做到既从人才培养素质上体现学校的办学定位和培养目标，又从专业建设的内涵上体现学科发展的水平，在指标设计、内涵标准和方式方法等方面注重过程评估与结果评估的有机结合，真正使评估起到以评促建、以评促改、评建结合、重在建设的作用。

（2）适应性原则。专业规划和建设要考虑人才培养与社会科技、经济、文化发展之间的关系，强化为区域性社会发展培养高素质人才的意识。特别是要充分考虑人才市场的复杂变化和高等教育政策调整等诸多的因素，注重通过专业内部的不断改革与自我更新，使专业办学更加符合市场化的人才双向选择规律，在保证毕业生有良好的市场就业竞争力的同时，为继续深造的学生开拓更为宽阔畅通的人生道路。

（3）整体性原则。将专业的建设与发展放到学校整体的专业布局中来考虑，认真分析各学科和相关专业的合理结构及发展规模，以有利于学校优化资源配置为原则，调整、改造和强化传统优势专业，真正建成既能体现学校办学优势又能适应社会发展需求的学科专业体系。

（4）导向性原则。所谓导向性，即是要注重评估对专业建设的引导作用。评估指标要力求体现高等教育教学改革发展的基本趋势，突出专业特色与建设效果，侧重对专业建设过程的指导，关注专业发展中的教学工作水平与学术水平，进而促使各专业及其所在部门明确专业建设思路，制定既适应学校总体发展又能体现自我特色的专业建设规划，落实专业建设的相关措施，使专业建设真正起到有利于教学基本建设、有利于人才培养质量提高的作用。

（5）可行性原则。评估指标的设计要从实际出发，突出重点，便于操作。从总体上说，专业建设评估的出发点和目标定位要立足学校办学实际和发展方向，有利于人才的培养，有利于为地方经济文化发展服务。在评估方式上，采取定量与定性相结合的原则，尽可能地使评估标准定量化、科学化，以提高评估结果的可靠性与可比性，真正使评估起到促进管理、促进改革、促进建设的作用。

3. 通过专业评估促进特色专业、品牌专业建设

专业建设应从学校定位和人才培养目标出发，明确建设目标，深化专业改革，深入了解专业在人才培养、师资队伍、办学条件、教学建设与改革等方面的成绩与不足，以便针对专业建设提出相应的措施。对学校的专业建设进行评估，是促进专业办学水平提升的有效手段。从本质上说，专业建设的水平在很大程度上反映了专业办学水平，而专业办学水平又在很大程度上受到整体办学条件和水平的制约。这不但涉及专业的师资水平、课程建设和教材建设水平，以及其他教学条件的建设水平，还直接或间接地与育人环境、公共课教学、基础课教学、实验实习条件等有关。因此，专业建设评估对于促进专业建设与发展，

提高人才培养质量与人才的社会适应性，具有重要的意义。

学校自身进行的内部专业建设评估，其目的主要是通过评估来了解专业的办学条件，以及在培养人才、科学研究和社会服务等方面的水平。所以，制定符合学校办学方向和人才培养定位的评估方案很重要。只有这样，才能以一定的质量标准为依据，判断专业教学工作的现状，找出其成绩与不足，以促进专业的自我调整，加强其内涵建设，强化其特色与品牌意识，同时也有利于学校整体的专业结构布局调整。

在专业建设中，师资队伍建设和其他教学资源、教学条件建设是紧密相连的，所以，专业建设评估即成为教学质量保障体系中一个十分重要的环节。专业建设不但涉及师资队伍建设、专业人才培养模式改革等重要内容，而且与专业培养计划、办学条件建设等密切相关。

（1）合理调整专业结构，按照规模、效益、质量、需求相结合的原则，统筹考虑专业的集群性和独特性，避免盲目追求专业的数量，在整体上实现学科专业之间的互补、互利、相融、共生。按照以上原则，采取切实有效的措施，对现有专业进行必要的调整与重组，压缩或取消过时专业，合并相近专业，加强特色专业，创办适应社会发展需求的工科专业与高新技术专业，促进专业结构的优化和规模的均衡发展。

（2）认真研究区域性经济发展趋势与特色，按照面向未来、适应市场的基本思路，依托现有的专业优势，培育交叉学科与边缘学科，寻找新的专业增长点。

（3）切实保证已设专业的质量，按照有关要求规范建设，在人员配备、经费投入、计划制订、管理制度等方面不断加大建设力度。与此同时，要树立特色意识和品牌意识，努力打造特色专业与品牌专业。通过建设一批特色专业形成专业的龙头和亮点，带动其他专业的建设和发展，进而提升专业知名度和竞争力。

（三）院系教学评估与内部管理机制改革创新

1. 利用专业评估促进院系形成教学管理特色

本科教学工作评估的着眼点是教学质量，这一点对于本科院校来说显得至为关键。现代大学理念是以人为本的理念，具体地说就是以学生为本。所以，提高教学质量的着眼点是人才培养工作。由于人才规格定位体现着人才培养目标，教学质量要根据学校的人才培养目标来评定，各专业也应该根据不同的人才规格定位来制订自己的教学计划，而组成教学计划的基本因素是课程，所以，教学质量的基础决定因素是根据人才规格对课程进行的建设和改革。

建立对院系教学工作的评估制度，有利于学校按照教育部本科教学工作规范及时地从整体上全面考查和评价院系的教学工作，促使院系自觉地强化本科教学理念，建立本科教学工作规范，调动其教学和管理的积极性。从内部管理体制改革的角度来说，专业建设评估的制度化也有利于院系办学自主权的落实，有利于院系根据所属专业的特点构建人才培养的结构体系和质量标准，改革创新人才培养模式，积极探索符合人才培养特点的教学方案和教学环节的质量标准，进而形成富有专业特色的教学管理模式。

2. 利用评估指标体系促进院系提升管理水平

院系教学工作评估是一项针对教学单位的全面的教学工作评估，涉及的范围比较广泛，评估的环节比较全面。因此，做好院系教学工作评估的基础是制定一套契合本科院校人才培养方案的指标体系。

从一级指标上说，它必须包括院系建设的指导思想、师资队伍建设、教学条件的利用、专业建设与教学改革、教学管理、教风学风等内容。而在院系建设的指导思想方面，院系自身的办学定位与发展规划、教学工作的思路和教育思想理念是关键的考查点。一个院系办学定位是否准确，发展规划包括学科专业建设规划、师资队伍建设规划和课程建设规划是否科学合理，制定的有关规划能否有效实施，直接决定着院系教学工作的水平和质量。

从教学思路的角度来说，院系负责人的教育观念是否先进，教学思路是否明确，是否有坚定的质量意识，直接影响到教学工作的中心地位能否确立，也直接影响到师资队伍建设中的结构优化以及教学水平和教学质量等。因此，评估对于保障院系教学水平不断提高是至关重要的，对于课堂教学、课程建设、教材建设、教学研究以及教师培养等方面也都有直接的影响。

在院系的评估指标体系中，专业建设与教学改革是核心部分。专业建设思路是否清晰，是否符合市场需求和学校的办学定位；专业建设的有关措施是否得力并能落实到位；专业的结构布局是否合理，各专业之间能否形成相互依托、相互促进的关系；围绕着专业的有关学科能否形成相互匹配的学科群体，进而为形成优势专业奠定基础；对于一个院系来说，这些都是至关重要的。落实到教学工作上，专业师资的水平、专业培养方案的科学化、人才培养模式的改革力度，专业教材的建设水平、教学大纲的制定水平、教学内容的时代性与现代化水平、课程体系的科学化水平，以及教学方式方法与手段的改革力度等，都从不同的方面制约着院系的办学水平和教学质量。

在院系教学评估中，还需要强调的一点是实践教学方面的评估。因为这类院校培养的是社会所需的人才，所以在实践教学方面应该建立起符合自身人才培养目标的教学体系，这是保障人才培养质量、使所培养的人才符合社会需求的基础。

教学管理是院系评估中又一项值得认真研究的重要内容。管理队伍的结构与素质，管理的实践效果，管理组织的运转情况，教学规章制度的建设与执行，对课堂教学、实践教学等各个教学环节的质量监控，以及教风学风的建设情况，都从实质上影响着一个院系教学工作的整体水平。因此，通过评估促进相关工作的有效开展，是保证学校内部质量保障机制正常运转的前提。

院系教学工作评估是一项综合性的评估。要做好这项工作，除了坚持以评促建、以评促改、以评促管、评建结合、重在建设的原则以外，必须注意评估过程中条件、过程和效果相结合，定量与定性相结合，进而把科学性、导向性和诊断性结合起来。制定切实可行的评估方案和指标体系，让院系按照既定的方案和体系进行自我评估，找出优势与差距，进而进行有针对性的自我建设，是极为重要的。在评估的整个过程中，一定要注意院系的专业特色和相应的教学工作特点，通过评估方案的有效实施督促不同的院系按照专业特点办出自己的特色。

第六章 高校思政教育与学生管理工作的融合发展

第一节 高校思政教育对学生管理工作的推动作用

一、高校思政教育对学生管理工作的重要意义

学生管理工作是高校教育教学工作的重要环节，是思政育人的重要载体，也是渗透思政育人的天然优质渠道。学生管理工作与思政教育工作在育人目标上具有高度一致性。"为充分发挥高校学生管理工作对大学生的正向影响，高校要在学生管理工作中积极融入思政教育，并遵循以生为本原则，不断改革创新管理方法，以实现理想的育人效果。"①

（一）提升学生管理工作的育人实效

在中国综合国力和国际地位不断提升的背景下，西方国家加大意识形态输入。在中国高等教育高质量发展的过程中，各种现实问题频发，高校更加关注思政育人实效性的发挥。学生管理与思政教育在工作目标、工作原则、工作方式和工作内容上存在高度统一性，在近年来社会发展大环境转变及当代大学生独特性彰显的背景下，将学生管理工作融入高校思政教育必然会对思政教育改革起到推动作用。

---

① 周涛，张勇. 高校思政教育与学生管理工作的融合路径 [J]. 中学政治教学参考，2024（03）：112.

（二）丰富高校学生管理的开展形式

高校学生管理工作从大学生入校开始一直持续到他们走出校门，乃至走上稳定的工作岗位，完全转变为职业人才结束。高校学生管理工作的开展形式既包括理论教育，也包括实践教育，其中理论教育属于思想引导，希望帮助学生走出思想误区，形成正确的价值观念和思想认知，这与思政理论教育教学内容非常相近。学生管理实践活动涉及学生学习生活和社会实践等不同方面，管理教师与学生的联系较为密切，对大学生的实际需求较为了解，加上管理实践活动范围较广，形式非常丰富，而思政教育的实践形式在近年来的创新发展中也获得了更加丰富的成功经验，这为高校学生管理活动的开展拓展了新的渠道。因此，将学生管理工作融入思政教育是非常有必要的。

（三）高校落实立德树人根本任务

思政教育作为高校教育的核心，必须与高校所有工作进行融合，学生管理工作自然也不例外。思政教育和学生管理对于高校来说都是非常重要的工作环节，其中学生管理工作是高校顺利推进教学工作和实现教育教学根本任务的重要保障，其内容涉及高校学生工作的方方面面，管理工作者与大学生之间的联系较为紧密，为将其融入高校思政教育提供了可能性。同时，学生管理工作主要围绕大学生成长成才开展，要求学生遵守规章制度，成长为全面健康发展的栋梁之材，这与思政教育的"立德树人"任务目标是高度一致的。因此，学生管理工作与思政教育的协同发展对高校落实立德树人根本任务具有现实意义。

二、高校思政教育对学生管理工作的推动路径

（一）创新管理理念

第一，改变传统管理工作理念。高校学生管理工作者应重新定位自己的工作目标和职责，意识到学生管理工作目的不只是管理，更深层的目标在于引导学生走出思维定势，积极学习最新的教育教学思想，将思政教育目标纳入学生管理工作范畴，以更好地指导学生管理行为。

第二，加大教育宣传力度。高校应加大教育宣传力度，组织校内所有教师进行学习，并将最新的学生管理理论和政策传递给学生管理工作者，同时组织

专门的教研团队，结合其他院校的成绩和本校的特殊情况形成适合本校的管理思路，深化全校师生的思想认识。

第三，重视二者之间的联动。基于学生管理和思政教育二者在工作目标、工作内容及工作方式等方面的联系，高校应重视二者之间的联动性，将思政育人思想融入学生管理工作中，引导学生树立正确"三观"，实施课程思政，将学生管理工作作为思政教育的重要载体。

（二）丰富管理资源

第一，做好理论资源库建设。高校应建立校内"思政＋管理"教研团队，对现有的管理理论和课程思政建设理论，以及二者融合发展的新理论进行学习和研究，并以校内管理问题和大学生群体的个性化特征为出发点进行资源库建设，以为校内"思政＋管理"工作的推进提供理论支持，为管理工作者自我提升提供学习资源。

第二，注重实践资源库建设。实践是检验真理的唯一标准，高校学生管理工作中思政元素的融入必须在实践中进行检验和发展。为此，高校应努力建设实践资源库，将校内外"思政＋管理"各种具有代表性的案例和具体方式融入实践资源库，并通过定期和不定期的学习方式分享给校内思政教师和学生管理教师，以提升思政实践与管理实践的效果。

第三，加快网络资源库打造。"思政＋管理"会因各院校的具体情况出现不同的模式和方法，但是不能因此封闭思想不去交流。各高校应积极建立网络资源平台，共建共享最新的理论成果和实践成果，帮助思政教师和学生管理教师在有效资源的学习和建设中突破自我。

（三）加快管理队伍建设

第一，优化管理队伍结构。为提升"思政＋管理"的水平，高校应对思政队伍和管理队伍进行合理配置，把部分具有丰富思政实践能力的教师转到学生管理工作队伍中，向学生管理工作者传递思政育人思想，形成互帮互助的效果。

第二，提升思政育人素养。学生管理和思政教育工作者都应该看到时代发展对高校教育工作者提出的新要求，提升自身理论素养。学生管理工作者和思政教师可以建立团队合作关系，针对某一类问题进行共同探讨，以取得既能解决管理问题又能做好思想引导双重目标的效果。

第三，增强思政实践素养。学生管理工作者应提升自身思政实践素养，主动寻求思政教师的指导，将理论指导运用于实践工作中。当然，学生管理工作者在实践过程中应该重视经验总结，并与其他教师分享交流经验，通过理论提升、实践锻炼、反思改变增强自身的管理实践能力，使思政实践与管理实践碰撞出新的火花。

（四）改革管理体制

第一，完善学生管理制度。高校管理层应在充分认知"思政 + 管理"这一理念的基础上对现有的管理制度进行改革，融入更多的思政育人元素，为学生管理与思政育人的融合发展提供制度性支持。同时，制度建设应对不同主体提出要求，以便各参与主体明确自身责任。

第二，进行全程监督管理。为更有效落实"思政 + 管理"工作，高校应将全程监督管理写进制度规范中，并将大数据信息技术引入学生管理工作全过程，对教师、学生的行为进行有效管理，为思政教育和学生管理工作的创新发展提供新思路。

第三，落实学生管理的评价反馈。针对"思政 + 管理"的实施，高校应建立评价反馈体系，收集对学生、思政教师、学生管理工作者等主体的意见和建议，对尚未解决的问题进行集体讨论，以全面凝结协同效力，有计划、有步骤、有力度地促进大学生管理工作与思政教育的融合，促进思政育人与高校教育教学工作融合发展。

第二节　高校思政教育与学生管理融合的关键环节

高校思政教育是引导学生树立正确价值观、世界观和人生观的重要途径。通过课程教学、主题讲座、社会实践等多种形式，将思政教育贯穿于学生的日常学习和生活中，帮助学生理解和认同社会主义核心价值观，并在实际行动中践行。这不仅有助于学生个人的成长和发展，也对社会的和谐稳定具有重要意义。

学生管理是高校教育的重要组成部分，涵盖了学生的学业管理、行为管理、心理健康管理等多个方面。传统的学生管理模式往往重视纪律约束和成绩考核，而忽视了学生的思想教育和人格培养。将思政教育与学生管理融合，可以在学生管理的各个环节中注入思政教育的元素，使管理工作更加人性化和科学化。

高校思政教育与学生管理融合的关键环节之一是构建一体化的教育管理体系。高校应建立和完善思政教育与学生管理的协同机制，实现信息共享和资源整合。例如，思政教育部门与学生事务管理部门可以定期召开联席会议，共同研究和解决学生中的思想问题和行为问题，形成合力。同时，利用现代信息技术手段，如大数据分析、智能管理系统等，精准掌握学生的思想动态和行为特点，及时进行有针对性的教育和管理。

强化师资队伍建设是融合的关键。高校应注重培养一支既懂教育又懂管理的复合型师资队伍。这需要在教师的招聘、培训、考核等环节中，强调思想政治素质和教育管理能力的提升。教师不仅是知识的传授者，更是学生思想和行为的引导者。因此，教师应具备较强的政治敏锐性和教育智慧，能够在课堂内外潜移默化地影响学生。

完善学生评价机制也是融合的重要环节。传统的学生评价体系往往侧重于学业成绩，而忽视了学生的思想品德和行为表现。高校可以探索多维度、多层次的评价机制，将思政教育成果纳入学生综合素质评价体系中。例如，通过思想汇报、社会实践报告、志愿服务记录等，全面考查学生的思想政治素质和社会责任感，激励学生全面发展。

校园文化建设也是思政教育与学生管理融合的重要载体。高校应通过丰富多彩的校园文化活动，如主题班会、社团活动、校园艺术节等，营造良好的思政教育氛围。在这些活动中，学生既可以增长知识、提升技能，又可以接受思政教育的熏陶，增强集体荣誉感和社会责任感。

加强心理健康教育和管理是不可忽视的环节。当前大学生面临的学习压力、就业压力和生活压力日益增大，心理健康问题日益凸显。高校应高度重视学生的心理健康教育，建立健全心理健康教育与咨询服务体系。在思政教育中融入心理健康知识，引导学生正确认识和处理心理问题，帮助他们树立积极健康的心态。

第三节　高校思政教育与学生管理工作的有效协同

高校必须牢牢把握"培养什么人"这个根本问题，坚持立德树人，推动新时代高等教育事业高质量发展。新时期我国特色社会主义现代化建设进程加快，推进高等教育事业高质量发展成为一项迫切的任务。立德树人背景下，高校思政教育工作是保证人才培养目标顺利完成的基础保证，高校大学生群体正处于人生观、价值观和世界观初步成型的关键阶段，在他们接受教育的各个阶段针对性地开展思政教育活动十分必要。而学生管理则是高校教育管理工作的重要组成部分，其在管理理念、教育职能和育人目标等方面与思政教育保持着高度的一致性。因此，立德树人背景下应实现思政教育与学生管理工作的有效协同，准确把握高校大学生群体成长过程中的行为特点和发展需求，构建高校思政教育与学生管理的长效协同育人机制。

一、高校思政教育与学生管理协同育人的内在机理

（一）思政教育与学生管理在工作理念上保持着高度统一

立德树人要求高校应遵循以人为本的教育教学原则，以学生成长成才的客观发展规律和实际特点为基础开展多样化的教育教学活动，并在其中明确学生的主体地位，出现矛盾或遇到问题时都应将学生的权益放在首位。高校学生管理工作遵循以学生为本的原则，举行的各类管理活动也都是为学生提供服务的，高校思政教育工作本质上就是一种"做人"的工作，在行为规范和思想道德等方面应给予学生充分的理解和尊重，科学整合各类教育资源，采取多样化的教学手段并及时更新教育理念，以促进学生的全方位发展为原则综合考虑其实际

发展要求，保证高校思政教育工作的整体质量。可见，高校思政教育和学生管理工作都遵循以人为本的理念，在工作意识、方法和流程等方面有着紧密联系。

（二）思政教育与学生管理在育人目标上是高度一致的

新时代我国高校担负的最重要使命是向社会不断输送高素质的综合型人才，学生管理工作在人才培养方面是趋同于立德树人这一根本任务的，同时还能够规范大学生的社会实践行为。学生管理工作的主体不应只是学校各类管理活动的推进者，而应成为参与学生成长和成才全过程的培养者。管理主体在掌握管理工作本质内涵的基础上，采取多样化的管理手段对学生的思想动态、行为规范和动机热情等方面产生积极正向的引导，为全面育人提供重要保障。而思政教育的核心内容正是提升学生的思想水平、道德修养和政治觉悟。可见，立德树人背景下高校思政教育与学生管理工作有着相同的育人目标。

（三）思政教育与学生管理在教育职能上具有互补性

思政教育与学生管理工作在教育职能上有着显著的互补性，两者是相互促进且紧密联系的。学生管理工作的职责是规范学生的社会行为，并为他们的成长成才提供针对性服务，而思政教育工作的职责则是强化学生的思想认识和政治觉悟，帮助他们塑造坚定的意志品质和道德规范，两者在育人过程中各司其职且缺一不可。而思政教育与学生管理在工作内容上又有着很多交集，前者涵盖了多方面的育人功能，并包含了道德法制、理想信念、道德规范、爱国主义等多方面的教育内容，后者同样也要以这些内容为基础开展各项管理活动，引导学生不断地转换思维并提升能力。

二、高校思政教育与学生管理协同育人的重要作用

（一）降低高校教育与管理工作中的投入成本

互联网＋时代，高校教育管理工作正向着多元化的方向发展，教育管理的工作内容也变得更为丰富且复杂，实际工作中的投入成本已有了显著提升，对高校教育管理工作的可持续发展会产生较大阻碍。而实现高校思政教育与学生管理工作的协同育人，在学生管理工作中将思政教育的约束和引导职能充分展现出来，促使学生更加积极地参与到高校教育管理实践活动中，既强调了学生

的主体性地位，还能够简化学生管理的工作流程，降低了教育管理工作的投入成本。

（二）整合教育资源与管理资源并实现合理分配

目前，我国部分高校存在教育资源运用不足的问题，原因是资源的过度浪费以及分配的不合理。而如果能够实现两者的协同发展，在同一个运行体系中同时纳入思政教育工作和学生管理工作，有利于科学整合高校内部的教育资源与管理资源，保证资源的合理分配和平衡使用，为各项管理实践活动的有序开展奠定了基础。两者协同育人能够有效缓解资源重复使用和浪费的问题，两者育人体系的有效联动能够大大提升资源的实际利用率，实现了高校教育与管理体系的稳定、高效运行。

（三）实现思政教育体系和学生管理工作体系的联动

高校教育工作的常见形式是不同教育体系的有效联动，而构建基于思政教育和学生管理的协同育人机制，能够加速联动进程。既能够提升高校思政教育工作的实践水平，又能够将思政教育的功能性特点充分展现出来。两者的有效联动能够为学生管理工作带来更多生机与活力，有利于创新现有的管理模式，针对性地改善现阶段我国高校教育管理工作中普遍存在的实践能力较差、思政教育资源无法有效渗透和学生管理工作缺乏时效性等问题，与高校人才培养的实际要求相适应。另外，两者的有效联动还能够提升教师对课程教学的管理控制水平，从而及时了解学生的思想动态变化情况，并在教育管理实践工作中引导学生积极地参与进来，保证高校教育管理活动的高质量开展。

三、高校思政教育与学生管理协同育人的实践路径

"思政教育工作是高校学生管理的关键，二者融合发展能加强高校学生管理，将高校思政教育工作落到实处，促进学生身心健康发展。"[1]

（一）发挥联动功能

第一，优化改革现有的推进机制，构建能将协同效应发挥出来的运行体系。

---

[1]　邓静娴 . 高校学生管理与思政教育工作的融合发展思考 [J]. 办公室业务，2023（17）：57.

高校应从战略发展的角度加速协同发展运行保障机制的改革进程，科学且系统地设计制度结构体系，将运行机制中的每一个环节都落实到位，保证思政教育与学生管理协同育人活动的有序开展。两者应具备一致的育人目标并覆盖到高校内部的全体学生，遵循以学生为本的原则建立两者协同发展的组织架构，针对不同岗位制定差异化的育人职责。

第二，创新完善现有的工作模式，学生管理工作的手段方法应随着思政教育结构内容的变化而动态变化。以当代大学生的行为特征和思想现状为基础，并充分考虑到高校师生真实需求，找准问题的成因和内在本质，从而更加精准地开展思政教育活动。打造复合型的思政教育工作者，教师应集心理辅导、学生管理、职业生涯发展规划等多种职能于一身，擅于利用思政理论知识解决学生生活中遇到的矛盾和问题，打造刚性与柔性相结合的管理模式。

第三，高校不同部门之间应建立密切的合作关系，通过搭建高效且顺畅的互动协调平台，实现多部门之间信息数据的互联互通，将各类育人要素有效串联起来，保证"三全育人"行动的有序开展。从规范制度、运行架构和反馈评价等三方面入手不断完善校内的学生管理系统，保证思政教育和学生管理服务的实际效果，实现学生的全方位发展。

（二）创新教育模式

高校在人才培养过程中应确立立德树人的核心思想，开展学生管理工作时应逐步摆脱以往强硬、僵化的工作方法，与学生之间建立平等的关系并打通顺畅的沟通、互动渠道，创新现有的思政教育工作模式，保证高校人才培养目标的顺利实现。在教管服等工作中应明确学生的主体地位，教师及其他教职员工应更多起到引导和辅助的作用，从而构建全新的平等、和谐、互相尊重的教育生态。

高校学生管理工作应逐步从行为管理为主的模式过渡到以思想认知约束行为表现的模式，重点提升当代大学生的思想认识，发挥出德育教育的指导和启发性作用，定期与学生进行深层次的沟通和交流，掌握他们的思想动态，并实现与他们的情感共鸣，加速其道德素质的进化进程。在实践过程中，将育人理念融入各项管理和服务工作中，了解学生遇到的问题和困惑，拉近高校管理人员和教师与学生之间的距离，强化管理育人的工作效能。

构建更加顺畅、协调的互动机制，实现思政教育与学生管理的深度融合。高校在人才培养中不应磨灭大学生的创造性和独立性，应在充分考虑到学生成长成才实际需求的基础上，科学整合思政教育与学生管理工作中的各类资源，实现两者在资源、数据和信息等内容上的互通共享，消除以往工作中存在的屏障与隔阂，形成教育合力。明确学生在高校教育管理工作中的主体地位，重视他们的主体性特征，遵循以人为本的原则促使学生更加认同高校开展的各项思政教育活动，面对客观事物和问题时应能够做到理性看待，实现学校教育与学生自我教育的有效结合，加速学生思想品德的自我发展速度，为学生营造更加健康、和谐且有利于他们全面发展的内部人文环境。

（三）搭建实践平台

随着互联网技术对我国高等教育事业的深入影响，高校可以以各类网络平台为依托不断丰富思政教育工作的方式方法。高校传统的人才培养模式会受到时间和空间等因素的限制，而运用各种先进的平台媒介和网络技术便能够有效突破这种限制，为学生提供更具互动性、开放性和专业性的在线教学平台，教师与学生之间在平台上可以实时动态地进行交流，丰富了育人手段，为思政教育和学生管理的有效协同提供了保障。

高校应注重强化全体教职员工的信息服务意识，在互联网时代形成全新的教育教学观念，在互联网＋教育背景下敢于运用新方法和新理念解决传统的教育问题，在新媒体时代继续发挥出思政教育工作的传统优势，从而与新时代高校思政与学生管理协同发展的全新要求相适应；依托现代化的信息网络技术搭建各类管理实践平台和教学平台，借助新媒体技术互动性较强的特点，改善以往信息传播过程中传播者和接受者角色完全固定的情况，高校的学生管理部门与学生之间应建立点对点的服务关系；新媒体环境下应进一步优化高校教育教学的工作路径，及时更新自身的教育逻辑，提升互联网时代高校思政教育与学生管理工作的行动和逻辑思维水平，实现二者与当代大学生更加广泛且深层次的交流。

（四）构建管理体系

高校进行学生管理工作应以提升学生的道德品质、综合能力和专业素养为基础，不断提升高校自身的人才培养能力，将自身的管理职能和优势充分展现出来，构建科学、高效的学生管理体系。针对高校的人才培养流程应推行全程服务和跟踪的机制，及时了解学生的思想动态和变化情况，了解他们在生活和学习中遇到的实际困难与问题，与学生之间建立顺畅的沟通渠道，无论是思想问题还是生活中的实际问题，学校都有责任和义务帮助其尽快解决。明确高校内部各个部门之间的不同责任，优化现有教育资源，在学生管理工作中融入各类思政教育要素，延伸其教育空间，保证思政教育与学生管理的协同育人效果。另外，教育管理工作中应将理论与实践紧密联系起来，从管理理念、育人方式、工作内容和人才培养目标等多方面入手创新管理实践活动，推行健全的教育反馈和评价机制，提升思政教育工作的整体效果。

无论是思政教育工作还是学生管理工作，两者都应与学生的社会生活建立紧密联系，实际管理工作中需要帮助学生处理各类问题时，管理者应以互相尊重为原则拉近与学生之间的关系，制定的处理办法应是易操作且能够让学生自然接受的，保证学校与学生之间可以更加顺畅地进行思想沟通。举例来说，在思政教育的工作范畴中可以纳入入学指导、社团建设、网络行为和职业发展规划等学生管理内容，以专题培训、个体辅导和社会实践等形式为学生提供针对性服务，为高校学生管理工作提供更多发展动力，保证思政教育工作的实效性。

（五）实现顶层设计

高校教学工作的核心应从"教人"向"育人"转变。针对现阶段我国高等教育事业中普遍存在的知行不统一和德智不协同的问题，高校管理者应进一步明确人才培养的基本原则，即"以德为先，德智统一"，优化现有的德育教育工作模式，整合高校内部的德育资源，重点做好顶层设计工作，从战略发展的高度制定高校的可持续发展计划，构建多方参与的长效协同育人机制。

高校在育人过程中应遵循德育为先的原则，明确高校所开展的各类教育活动都是为立德而服务的，帮助学生形成积极向上的人生观和世界观。厘清"为学"与"为人"之间的内在联系，实现智育教育与德育教育的有效渗透和融合。

加强思政教育与德智体美劳"五育"教育之间的密切联系，将现实生活中的行为道德规范等内容渗透到思政理论教育工作中，整合两者优势以有效改善以往思政教育中存在的形式主义和过于抽象的问题，保证高校各类育人活动的科学开展。

顺应时代发展潮流，结合新时代高校思政教育和学生管理工作的发展方向明确教育主体。在统筹发展的视角下优化并改革高校内部的治理体系，在顶层设计过程中应以为学生提供高质量服务为基础，实现学生的全方位发展。高校领导者和管理者应从持续发展的角度统筹规划思政教育与学生管理的协同育人机制，实现高校教学、管理和服务的有机结合，在高校的长远发展规划中纳入学生管理工作，构建以思政教育为基础的协同育人体系。

参考文献

[1] 吴文静. 高校学生管理与模式创新研究 [M]. 北京：北京工业大学出版社，2023.

[2] 杨大鹏，马亚格，罗茗. 高校学生工作管理创新研究 [M]. 北京：北京理工大学出版社，2019.

[3] 杨道，林怡冰. 高校学生管理工作的行与思 [M]. 天津：天津科学技术出版社，2022.

[4] 高健磊. 新时期高校管理与发展路径探索 [M]. 北京：中国政法大学出版社，2021.

[5] 黄瑞宇. 新时代高校学生工作的创新研究与实践探索 [M]. 北京：中国政法大学出版社，2020.

[6] 汪文娟，何龙，杨锐. 高校教育管理创新研究 [M]. 北京：北京工业大学出版社，2018.

[7] 彭钰美，徐秦法. 新时代高校思想政治教育高质量发展论析 [J]. 学校党建与思想教育，2024（01）：24-28.

[8] 卢娟娟. 高校思政教育对学生管理工作的推动作用及路径探讨 [J]. 齐齐哈尔师范高等专科学校学报，2023（04）：91-93.

[9] 苏建贤. 立德树人背景下高校思想政治教育与学生管理协同育人研究 [J]. 鄂州大学学报，2023，30（01）：17-19+28.

[10] 熊沂，骆婉婷. 中华优秀传统文化融入高校思想政治教育的对策研究 [J]. 学校党建与思想教育，2023（24）：48.

[11] 李长真，宇文翔. 红色文化价值资源与大学精神的互融性思考 [J]. 现代

商业, 2014（11）: 269.

[12] 刘克宽. 优化人才培养结构体系建立质量保障长效机制——关于本科教学质量"344"规范化管理机制的思考 [J]. 泰山学院学报, 2008（05）: 94.

[13] 孔东, 高霏. 高校学生党支部规范化管理机制 [J]. 成功（教育）, 2011（02）: 264.

[14] 付冬波, 吴伟丰. 教学质量监控系统多维度分析的设计 [J]. 科学咨询（科技·管理）, 2021（10）: 93.

[15] 高静. 论高校思政课程的素质教育目标及其实施路径 [J]. 江苏高教, 2021（07）: 75.

[16] 米丹. "大思政"理念下高校思政教育价值体系的整体有效性探讨 [J]. 黑龙江教育学院学报, 2016, 35（04）: 75.

[17] 梁明. 新形势下高校思政教育教学方法的探究 [J]. 科学咨询（教育科研）, 2021（02）: 43.

[18] 李祥, 吴大惠. 高校思想政治教育精细化发展探微 [J]. 重庆电子工程职业学院学报, 2021, 30（06）: 71.

[19] 范远玲. 大学生思想政治教育人文关怀体系构建与实现路径 [J]. 黑河学院学报, 2022, 13（06）: 20.

[20] 任宏阳. 高校学生管理工作和思想政治教育融合路径探析 [J]. 国家通用语言文字教学与研究, 2022（11）: 143.

[21] 葛英. 高校学生管理工作信息化建设的路径探析 [J]. 科技风, 2023（36）: 58.

[22] 梁志睿. 高校学生工作的精细化管理模式分析 [J]. 文化产业, 2021（30）: 82.

[23] 周涛, 张勇. 高校思政教育与学生管理工作的融合路径 [J]. 中学政治教学参考, 2024（03）: 112.

[24] 邓静娴. 高校学生管理与思政教育工作的融合发展思考 [J]. 办公室业务, 2023（17）: 57.

[25] 常建宝. "立德树人"理念融入高校思政教育工作的思考 [J]. 老区建设,

2018（18）：10–12.

[26] 刘晓璞 . 高校思政关于中国特色社会主义理念教育对策研究 [J]. 青年与社会，2014（9）：188.

[27] 康先琼，沈应兰 . 高校思政教学中的人文理念运用探讨 [J]. 山西青年，2017（5）：188.

[28] 熊亮，陈思思，韩冰 . 红色文化融入高校思政教育的价值与路径研究 [J]. 文化创新比较研究，2024，8（7）：111–115.

[29] 陈莉 . 论高校思政教育实践育人模式及其价值 [J]. 湖北经济学院学报（人文社会科学版），2016，13（9）：155–156.

[30] 赵水根 . 当代高校思政教育工作的创新方法和途径探索 [J]. 企业导报，2016（20）：118–119.

[31] 梅曼曼 . 浅析高校思政教育的实效性方法 [J]. 新课程学习（上旬），2014（4）：39.

[32] 杜磊，赵娜 . 论高校学生管理工作的改革创新 [J]. 西南农业大学学报（社会科学版），2012，10（5）：235–236.

[33] 王晓瑛 . 高校学生管理工作中柔性管理理念的运用 [J]. 山西青年，2023（16）：184–186.

[34] 曹泊 . 高校学生管理工作探究 [J]. 学园，2013（23）：35–36.

[35] 陆玉 . 高校学生管理工作信息化建设现状及其影响因素 [J]. 黑龙江科学，2023，14（21）：98–100，103.

[36] 竭淑辉 . 高校学生管理工作的新思路 [J]. 管理学家，2014（19）：608.

[37] 仇建华，邓北川，刘雨辰 . 试论高校学生管理工作的专业化 [J]. 青春岁月，2013（4）：198.

[38] 宋正瑶 . 高校学生管理工作创新研究 [J]. 黑龙江科学，2017，8（17）：100–101.

[39] 毛翠 . 高校学生管理工作改革研究 [J]. 企业文化（中旬刊），2015（11）：170.

[40] 王豪 . 高校学生管理工作创新研究 [J]. 速读（中旬），2014（6）：290.